哥教的不是歷史，是人性

呂捷／著
蠢羊／繪

〈自序〉

走出房間，好好揮霍一下青春吧！

我常常這麼形容我的這一年——「齊秦的姊姊：齊豫（奇遇）」。

在過去的一年中，我從一個沒沒無聞的補習班歷史老師，變成了somebody。我常在午夜夢迴、夜深人靜的時候想：「沒想到我這小子也會有今天啊！」

其實每個人都有他的故事，都有他的人生經歷，也都有他的生存哲學，其實誰都可以分享。只是最近媒體曝光多了，大家比較認識我，比較願意聽我講故事而已。

在過去的三十幾年來，我一直是個失敗者、是隻所謂的魯蛇。我做過很多嘗試，當過水泥工、賣過茶葉、搞過古董、開過公司……但是最後全都是悲劇收場。直到去年人生最低潮的時候，因為幾段上課影片在網路上流傳開來，才讓我重新站起來，走出一條不一樣的道路。

我一直是個很喜歡聽故事的人，也很喜歡講故事。早在學生時代，我就想過要把自己的故事寫成書，連書名都想好了，呂捷三部曲：《呂捷與他的一百個朋友》《我的家庭眞可愛》《呂捷陪你吃天下》，但我既爲魯蛇，當然也身體力行魯蛇一族的消極作爲：「只有想法，沒有做法。說是天下無敵，做就無能爲力。」三本書連一頁都沒寫出來過。

直到去年，突然冒出一堆出版社來找我出書，而我也莫名其妙地動筆寫了這本我人生中第一本創作《哥教的不是歷史，是人性》。在寫書的這段期間，我不斷回憶過去、檢討自己，但還是不忘苦中作樂，反省中保有樂觀。我認眞地思考當年爲什麼一直是個失敗者，相信現今的社會裡，一定也有許多人跟當時的我一樣，徬徨失措，找不到未來。所以我決定把我的心得、經驗與觀察寫下來，希望讓大家知道，就算像呂捷這樣的魯蛇，只要願意抬起頭看看世界，也一定會有走出來的一天。

我出生魯、際遇魯、能力魯、相貌更魯，活下來就只是靠個幽默感而已！

相信正在看這本書的你一定比我強。呂捷辦得到，你爲什麼不行？你怎麼可能不行？所有的成就都從「做」這個字開始，做了就有希望、做了就有心得、做了就有想法、做了就有感動，更重要的是……做了才會有成就！

在這裡，我想送給大家我高三時看到獅子座流星雨，有感而發寫下的一首詞：

點點星光山風強　呼嘯過　難度量
青春短暫　英雄氣高昂
但求一燦　勿常憾
萬年短今朝長

毛澤東說：「一萬年太久，我只爭今朝！」

趁著還沒老，找熱情、開始做。關掉網路，走出房間，好好揮霍一下青春吧！

〈編者序〉

這是呂捷的「脫魯建言」

文／胡致華

這本書是呂捷的「處女作」，我的任務是幫他企畫寫作方向，並協助出版社集稿及整理。以二十多年的雜誌及報紙主編經驗來說，這應該是駕輕就熟的工作。但我面對的是一個剛剛竄紅、工作滿檔，而且從無寫書經驗的作者，夾在他和出版社既定的時程壓力間緩步推進，眞不是件輕鬆的差事啊！

呂老師在網路爆紅之後，各方邀約不斷，而他對新鮮的事總是好奇，總想嘗試。從出席不同類型的電視節目、演講及晚會，到粉墨登場爲教育部「防溺水宣導片」扮起他的偶像李白（生平第一次穿古裝，完裝後他對著鏡子自言自語：「焦恩俊穿明明很好看啊，怎麼我穿差這麼多……」）。他也走進少年法院觀護所開導受刑人，尤其是受「毒」害的年輕人。當然，他更不放棄熱愛的歷史教學工作，常常拉著一卡皮箱，從南到北，從北到南，甚至跨海到金門！

這樣一個一心多用的射手座男，要專注寫他的第一本書眞是有些挑戰！我也只能軟硬兼施，不時心戰喊話：「該寫稿了吧？進度又落後囉……」得到的回應各式各樣，有時回一張插滿菸頭成香爐的菸灰缸照片表示「我有熬夜寫稿喔！」（吸菸有害健康，請勿模仿。）有次丟一句：「今日皇后（也就是大家熟悉的武松啦）壽誕，朕不早朝喔！」最讓我絕倒的是這篇，你可能馬上會跟著唱起來的「打油歌」：

你是不是像我在螢幕前低頭　抽著香菸默默辛苦的工作
你是不是像我得要忍受寂寞　也要面對寫稿子時的壓迫
你是不是像我整天忙著追求　追求一種字數增加的成就
你是不是像我曾經茫然失措　一根一根數著抽過的菸頭
因爲我很在乎收錢的時候　但我從來沒有忘記過
對阿母的承諾　寫書的執著
我知道　寫一本書不是夢　我認眞的過每一分鐘
寫一本書不是夢　我看著字數在跳動

寫一本書不是夢　我認眞的過每一分鐘
寫一本書不是夢　我的心跟著字數在動　跟著版稅在動

是的，他暱稱我「阿母」，說我是他的「孝莊皇太后」。那麼他自喻爲……不知道嗎？去查歷史囉！

其實這裡眞正要畫的重點是，呂捷絕對不是隨便找人寫了本書喔！他是在百忙的工作壓力中，在兇狠的「皇太后」催逼及嚴格要求下（還不時退稿重寫），這半年裡摸鍵盤的時間比摸武松的手還多，書房香火鼎盛堪比大甲鎭瀾宮。很有誠意地寫下他的心路歷程，要與年輕人分享。而我們所企畫的與簡志忠社長對談，更是神來之筆、精采無比，充滿了啓發！

呂捷自認除了幽默沒別的長處，而從他受歡迎的程度看來，現今這個充滿暴戾之氣的社會最缺的恐怕也就是幽默感了吧！在這本書裡，他將以「資深魯蛇」的身分，既幽自己的默，也給予讀者「脫魯」建言，旁徵博引，書如其人般兼具娛樂性、知性與感性！

第1章

歷史魯蛇
全人物攻略

亂世出英雄，世道衰頹，隨人顧性命。混亂的世局固然使得浮沉人世的眾生必須爲了一口飯而苟延求生，但平民百姓也因此有可能在紛亂的世局中把握機會，創造自己的人生。

有道是英雄不論出身低，歷史上的公侯將相常常是出身市街的魯蛇。在渾沌的世局中，赤腳的不怕穿鞋的，反正爛命一條，還有什麼能更糟，所以魯蛇們反而可以在紛擾的時局中，把握機運，開創自己的新人生。

胯下韓信是魯蛇鼻祖

說起魯蛇的鼻祖，首推韓信。秦末天下大亂，出生淮陰的韓信，因爲從小生長在窮苦家庭，沒父沒母無兄無弟，每天帶著一根長劍跟一把簫在街上閒逛，套句現在的話來說，就是典型的小混混、七逃囝仔[1]，更嚴格來講，就是具有攻擊性的遊民。韓信出生時機不好、家裡環境不好、連造型都不稱頭，可以說是整個魯到底了啊。

當年可沒有遊民之家喔，遊手好閒，沒有一技之長的韓信，混到後來連吃飯都成問題，靠著今天吃這家，明天吃那家的白吃白喝過日子，時日一久，就算是慈悲心腸的村長嫂也凍未條！這天看準他要上門，連碗筷都不擺上，年少氣盛的韓信，儘管平時神經大條，看到這個景象也老大不爽，不吃嗟來食，甩頭就走。

走沒多久來到溪邊，平時常給他點心的大嬸們還是挺熱情地把飯盒裡的飯菜拿給他充飢，他邊接過來邊滿懷感謝地說：「大姊，等我發達了，一定準備好酒好菜來報答您。」沒想到和善的大姊完全不給面子：「算了吧，你都過不了這時，我哪敢想你會有來日。」韓信忍住飢餓，連飯菜也不拿，面紅耳赤地低頭走了。

韓信的自尊心二度受到打擊，沒想到衰運會連莊，厄運眞的不只一兩樁，街角等著他的是盤踞在街市，人稱「菜市仔口大摳ㄟ」的蔡興，一夥人等在那兒，「大摳興ㄚ」帶頭挑釁說：「你這個沒路用的咖小②，別以爲拿著一把破劍就可以假鬼假怪，中看不中用，有本事就來定孤支③啦，不然……」蔡興比了比胯下：「你從這裡鑽過去，我就饒你一命。」

韓信原本已經餓到不行，連站都站不穩。這時一被刺激，哪忍得下這口氣！男兒膝下有黃金啊！韓信脹紅著臉，額頭青筋暴跳，抓著劍柄，準備跟蔡興一決勝負，反正都已經窮途末路，爲了一口氣，拚了啦！

眾人圍著呼叫吶喊，正等著看好戲的時候，原本劍拔弩張的態勢卻突然急轉直下。

韓信突然頓悟，正所謂：「俗辣枉做，性命枉顧[4]。」他啪一聲跪倒在地，三步併兩步地爬了過去。所有人先是愣了幾秒，接著大笑如雷般爆了出來，毫不留情。

同學啊，你們以爲這時候就是要戰才是勇者對吧！NO～NO～NO～匹夫之勇也是魯蛇的特徵，姑且不論韓信打不打得贏，要是不小心打到蔡興葛屁了，光是市場圍觀的民眾出庭作證，韓信這個牢勢必會做到屁股長瘡。而且古代「殺人者死」是鐵律啊！當年可沒有廢死聯盟喔，**沉得住氣，這是韓信跳脫魯蛇的第一步**。

韓信受胯下之辱，這個臉丟到幾千年後你們還在笑。但是從這天起，韓信認清自己只是橫走在市街上的俗仔，等人賞飯吃只有被羞辱的份。LP都鑽過了，還有什麼會比這個更糟糕的呢？他也接受自己是隻沒有資源、沒有依靠的魯蛇這個事實。絕對不能坐以待斃，於是他決定離鄉背井尋找飯票，希望有一天可以光榮返回來，大聲唱〈回鄉的我〉這樣。

在那個時代哪個地方絕對有飯吃呢？當然是當兵啊！

要從軍也要找個穩當一點的。韓信雖然悔悟了，但多少還是留有一點魯蛇心態，想想有地方包三餐就好，其他不用想太多。於是西瓜靠大邊，他投靠了項梁。結果在「定陶之役」的時候，項梁被他原本看不起的章邯打敗，人頭落地，項梁的侄子項羽因此取而代之，韓信也好狗運脫離了二等兵的角色，獲選爲「執戟郎」，就是儀隊隊員啦！這時候的他更接近權力核心了，常常可以在大王眼皮底下走來走去。

力拔山兮的項羽在「鉅鹿之戰」闖入章邯手下強將的陣中，殺得血流成河，還逮捕王離、擊殺副將蘇角，報了叔父被殺的一箭之仇。最後收編了各路諸侯，聲勢如日中天。

韓信冷眼旁觀，看清了諸侯的各懷鬼胎，於是雞婆提醒項羽，不必再尋找秦軍的主力會戰，要抓緊時間避開秦軍，因爲劉邦已經抄小路往關中去了。先前楚懷王與各路諸侯約定，先入咸陽者就可以稱王，如果項羽不聽建議，一定會喪失先機。沒想到項羽整個在興頭上，一心只想與秦軍會戰，不接受韓信的建議。果不其然，劉邦率先入關。

最讓韓信對項羽絕望的是，項羽竟然還自稱西楚霸王，架空楚懷王爲義帝，把他流放到湖南的小地方。韓信的忠告進不了項羽的耳，於是韓信最後做了決定，他要逃離楚營，夜奔到漢王劉邦的營區。**記住，大公司再好，如果未來沒有發展性，那你一定要跳槽，千萬別抱持著魯蛇苟安養老的心態！**

魯蛇韓信在漢營中不改其性，在軍中仍是夸夸其言，滔滔不絕地大放厥詞。其實韓信天生就有演講的才能，再加上在市井混久了，口才當然不輸人。他高談：「楚軍只是外強中乾，漢王雖然目前兵力不大，但未來一定有辦法爭霸天下。」這番謬論在他人眼中實屬牽強，但碰巧路邊經過一個蕭何，聽了以後驚爲天人，要他夜裡到帳下說個分明。結果帳裡細聽果然有理，便決定推薦給劉邦，讓他到電視台，上CALL IN節目爲政策辯論。

沒想到時間一天一天過去，劉邦還沒有召見韓信，也沒有發通告給他。性急的韓信老大不爽，於是在一個月明星稀的夜晚，又打算溜出漢營。二度跳槽的他這時有些徬徨，走走停停，停停走走，正在三心兩意之時，後方傳來達達的馬蹄聲。韓信一驚，心想：「我達達的馬蹄是美麗的錯誤，我不是歸人……是個逃兵！」萬一被抓到很可能會因為逃兵而斬立決！這該如何是好？

沒想到，追來的是蕭何。蕭何牽起韓信的手，唱著：「Baby don't go～」這就是流傳千古的「蕭何月下追韓信」。韓信感動於蕭何的惜才，也真的是離開漢營才發現無處可去，一動不如一靜，好馬吃回頭草又何妨，就留下吧。

話說蕭何氣喘吁吁帶著韓信回到劉邦帳中，一見到劉邦，蕭何就把握機會推銷，大力吹捧韓信。劉邦眉頭一皺，立馬把軍中第一職位「大將軍」許諾給了韓信。劉邦為什麼這麼容易就把職位授給一個完全不了解的人？難道蕭何就是傳說中的有力人士嗎？還是劉邦真的這麼知人善任？

其實是因為蜀中無大將，劉邦看到韓信這位罕世奇才正是他現在最缺的軍事將領。出身亭長的劉邦一路打來，靠的都是街坊鄰居，像是開馬車的夏侯嬰、管監獄的曹參、在衙門寫字打算盤的蕭何、殺狗的屠夫樊噲，但這些人說實話只是烏合之眾，缺乏紀律與培訓，一旦碰上正規軍便有如以卵擊石，因此當務之急是找到軍事幹才。

韓信是怎麼通過劉邦的面試呢？遇到瓶頸的劉邦其實也是另一隻魯蛇，雖然還不至於是喪家之犬，但面對勇猛作戰、強悍霸氣的項羽，心中還眞是舉棋不定、一籌莫展。韓信一開口，首要就是先重建劉邦的自信心，他以曾在項羽軍中的經歷開始說起，抨擊項羽雖是威風八面但吝於賞賜，也就是小氣。另一方面，他雖然攻城掠地，但仍囿居彭城，地域觀念極深，眼光狹窄。第三，項羽的人緣不好，因爲他常大小眼，分封諸侯不公平，所以引起怨聲載道，還迫害楚懷王喪失了盟主，更加顧人怨。第四，項羽動不動就屠城燒屋，讓黎民百姓叫苦連天。

韓信一番話說得劉邦恍然大悟、如釋重負、眉開眼笑，他接著又直指三秦，點名章邯、司馬欣及董翳瞞上欺下，塗炭生靈，自己卻活得開心爽快。所以若要打敗項羽，他們三人便是首先要拿下的目標。劉邦一聽恍然大悟，心頭澎湃洶湧，連聲讚嘆韓信眞是孫武再世、樂毅再生啊！**所以用心觀察、留意細節、勤練口才也是脫離魯蛇的方法之一**！

兩天之後，劉邦築台拜將，正式授與韓信大將軍的職位，但是在十萬大軍擂鼓震天的威嚇聲中，手持虎符、高舉令旗的韓信其實還沒有眞正脫離魯蛇形象，營帳中流傳的竊竊私語都在討論他是哪根蔥。靠著一張嘴打天下，沒人相信他會是溫拿⑤。

韓信一點都不著急，他知道冰凍三尺非一日之寒，劉邦的軍隊問題在紀律與訓練，他們一打就亂、一亂就敗、一敗就散，簡直跟即溶奶粉一樣！所以他著重組織編組，並在軍隊潰散後迅速地組織集結。韓信點兵可不只是算人頭、數饅頭的算術題，也是一種組織與戰略，短短的時間，韓信就編整了一支可以打仗的隊伍。

秋天，韓信表現的時機來了，韓信獻計「明修棧道」「暗渡陳倉」，把三秦的大軍引到修築的廢棄蜀道，再領奇兵由陳倉殺出，占據關中，建立了戰功，終於脫下了魯蛇的外衣，名留青史。

呂捷老師課後加強班

①七逃囝仔：閩南語，不入流的小流氓。

②咖小：閩南語，角色的意思，但帶有貶抑的意味。

③定孤支：閩南語，無規則性單人組自由搏擊。圍毆稱為「無規則性一對多自由搏擊」。而「無規則性多人不分組自由搏擊」則是「打群架」，台語叫做「拚堵」。

④俗辣枉做，性命枉顧：閩南語，「俗辣」意指無膽之人，人生不如意十有八九，不是每次都可以當大爺，這是一種「忍一時風平浪靜，退一步海闊天空，遇到危險……快逃！」的概念。

⑤溫拿：WINNER，勝利者。附帶一提，八、九〇年代香港有一個樂團就叫「溫拿五虎」，他們紅的程度就是當年香港的五月天。

從前有個叫蕭何的人，在夜晚中追逐人才韓信。
在夜晚……追逐……
為了挽留韓信這個人才，蕭何可說是使盡全力，也想盡辦法！
別走啊！我需要你（的幫忙）
啊哈哈哈你追不到我
哦哦哦哦我好像了解了什麼！
因為韓信真的是難得一見的……
抓到你了吧，還不快回來效忠我（軍）
可惡……
我知道我知道！討厭啦呼呼呼！
你的腦袋到底想像成什麼了？

劉邦從受虐兒變角頭

劉邦其實也是一隻魯蛇。亂世裡大環境不佳，魯蛇似乎特別多，但也正因爲在困頓裡求生，所以只要善加掌握機緣，就能輕易來個大翻身。

自古天子的誕生往往有神話依附，劉邦也不例外。傳說中，劉媽媽在大澤邊睡覺，夢到自己跟神偶遇，一陣狂風驟雨、雷電交加，天昏地暗之際，忽見一條蛟龍伏在身上，因而受孕，產下了劉邦。不過，我個人判斷，劉邦應該是他媽媽與一位叫做阿龍的男子發生外遇所生下的！

這可不是八卦雜誌的內幕消息喔！從史書來看，劉邦從小就不得寵，他爸爸只要有空就打劉邦、沒空也打劉邦、一喝醉就打劉邦、沒喝醉也打劉邦。基本上是一種打小孩兼練身體的概念，所以劉邦從小就是個受虐兒童。

劉邦排行老四，家裡經濟還過得去。他的個性有點吊兒郎當，不喜歡那

種無聊種田種菜的活。成天在外遊蕩，手頭雖說不上寬裕，但已經比別人鬆得多，所以他花錢大方，身旁總跟著不少七逃囝仔，成天呼群引伴、成群結黨地亂逛。在家鄉沛縣，也漸漸成了地方上專門喬事情的角頭。

後來劉邦漂白從政當上泗水亭長（嘿嘿……跟現在有沒有很像），一幫地方兄弟都成了競選班底。曹參擅長折衝談判，是管監獄的獄卒。力大無窮的武夫樊噲是殺狗的屠夫，爲了義氣赴湯蹈火在所不辭。喜歡開玩笑、機靈幹練的夏侯嬰則是個馬夫。這些市井之徒，套句現代話來說，就是劉邦的民間友人，劉邦因著江湖四海、吹牛講大話的性格，把他們群聚在一起。

臭屁的劉邦沒有尊貴的出身，受的教育也不多，三十多歲才當上亭長這個小官，但是他非常推崇孟嘗君重俠客「講」義氣的精神（注意喔，劉邦只有講，可沒有眞的做，所以才說他吹牛講大話。）儘管少年時期在變化多端的亂世中老是吃鱉，但英雄不怕出身低，在強敵的環伺下，起於草莽的劉邦最後反因個性、魄力與勇氣，開創了一番局面。所以魯蛇們，**適時地花錢交際、培養班底也可以讓你成就事業掛 turbo喔！**

劉備曾是帶賽的牆頭草

觀三國，說魯蛇，那怎麼能忘記劉備！劉備是窮人家出身，雖然後來歷史上常會攀親引戚說他是漢室劉的表親，但那眞是一表三千里，八竿子打不著關係。

劉備早年喪父，從小由母親帶大，小時候幫母親賣草鞋幫助家計。人小志氣高的他，曾經對著桑樹說「我要當天子」，嚇壞了叔叔，連忙叫他不要亂講話，免得惹上滅門之禍。

有大志的人總是與眾不同，行事作風也特立獨行。十五歲的劉備不太喜歡讀書，只喜歡犬馬、音樂、美衣服。他的手長過膝、耳大可招風，長相也跟別人不太一樣，站出來就是顯眼特別。他又好交友，善下人，喜怒不形於色，宗族長輩願意栽培他，資助他銀兩，這些都是他出道的本錢。

不過劉備的的兵團裡雖然有張飛、關羽等好手，但實際上卻是一群市井之徒所組成，簡單來說就是在菜市場拚地盤的小幫派啦！黃巾之亂平定之後，朝廷要整軍，於是劉備綁了督郵，把印信掛在他頭上就棄職落跑。此後劉備有如牆頭草，眞可說是朝秦暮楚，何進、公孫瓚、陶謙都曾經被他投靠過，儼然是職業傭兵，而且是會幫老闆帶賽[①]的那一種，所以一直不成氣候。

難得曹操看得上眼，請他吃飯。席上曹操若無其事的一番話：「如今天下的英雄只有你我二人，袁紹不足爲懼。」竟然就把魯蛇劉備給嚇壞了，他嚇得連筷子都掉在地上，還藉口被雷驚到，以便掩飾他的失態，最後藉著內急尿遁，直接落跑。

劉備一直到了四十七歲才轉運，算算也是一把年紀了。陣中無良相讓他的陣營老是吃鱉，所以四處探聽謀略之士，三顧茅廬後，延聘了二十七歲的諸葛亮，才終於停止了衰運。

〈隆中對〉[②]讓他吃了定心丸，確認了時局的走向。而「聯吳抗魏」的策略也果眞讓他三分天下。然而屢戰屢敗、屢敗屢戰的劉備，最終能夠脫離魯蛇的行列，最根本的原因就在於，他終於看清自己的不足，禮聘諸葛亮後，便給予全然的信任，其慧眼與度量才是脫魯的關鍵啊！

呂捷老師課後加強班

①帶賽：閩南語，這是一種特殊能力，可以在不知不覺中影響別人的運氣，而且是往「衰」的方向引導！

②隆中對：諸葛亮當年為劉備提出的基本國策。

背到谷底
反而成就高超境界的蘇東坡

說到三國，大家一定對〈念奴嬌．赤壁賦〉耳熟能詳：

大江東去，浪淘盡，千古風流人物。故壘西邊，人道是，三國周郎赤壁。亂石崩雲，驚濤裂岸，捲起千堆雪。江山如畫，一時多少豪傑。

遙想公瑾當年，小喬初嫁了，雄姿英發，羽扇綸巾，談笑間，強虜灰飛煙滅。故國神遊，多情應笑我，早生華髮。人生如夢，一樽還酹江月。

宋神宗時期，王安石創行了新法，蘇東坡認爲新法不能便民，所以硬是要跟他唱反調。後來甚至懶得理他，乾脆自求外放邊疆，結果被調到杭州擔任通判。後來蘇東坡繼續被整，在古代要整人最好的方法就是把他調過來、調過去。同學啊，古代交通可不比現代，沒有高鐵咻一下就到了，長途遠遷，沒死也半條命。再加上水土不服很容易客死他鄉，這樣幾番折騰下來，嘿嘿，殺人不見血，除去眼中釘就這麼簡單。

蘇東坡不見容於當道，自然逃不了一路放逐，調動了五、六個地方之後，四十四歲的他被調到了湖州。不到三個月，更嚴重的狀況發生了，他又因爲「文字譭謗君相」，遭到抹黑而被捕下獄。這場文字冤獄，史稱「烏台詩案」。

出獄以後，蘇東坡再度被發配到黃州擔任團練副使，也就是社區巡守隊副隊長啦。職位雖然低微，但四十五歲的他終於學會逆來順受，也因爲他鄉寂寞，漸漸撫平了少年的傲氣。「少年不識愁滋味，爲賦新詞強說愁[1]。」蘇老先生早已不是少年，人生憂愁更是呑了不少，所以整個靈感大爆發，在這個世俗看來失意潦倒的時期，他反而寫下了許多流傳千古的作品。

這首〈前赤壁賦〉的珍貴墨寶，現在就展示在台北故宮：

> 清風徐來，水波不興。舉酒屬客，誦明月之詩，歌窈窕之章。少焉，月出於東山之上，徘徊於斗牛之間，白露橫江，水光接天。縱一葦之所如，凌萬

頃之茫然。浩浩乎如馮虛御風，而不知其所止，飄飄乎如遺世獨立，羽化而登仙。

這些詩句裡顯現的是蘇東坡經過磨難後的灑脫，魯蛇蘇東坡雖然一路背到底，但他沒有因此放棄自己，反而以詩遣懷，深耕自己的創作，因此成就了人生的高超境界。**所以一時魯蛇不代表一世魯蛇，沉潛時多磨練能力，總有一天用得上。**

呂捷老師課後加強班

① 少年不識愁滋味，為賦新詞強說愁：簡單來講就是「矯情」，台語叫做「假掰」，是一種為了想引起共鳴或得到旁人關注的一種假文青狀態。

文創界最魯，李白與顏回

文創界的魯蛇除了蘇東坡以外，一定要提到李白。李白也是一位魯蛇，雖說他著作等身，詩作氣勢磅礡，但他官運不佳，官拜「太子洗馬」。太子洗馬是什麼官？其實就是陪太子爺讀書的高級伴讀小書僮，跟電影《唐伯虎點秋香》裡的華安一模一樣。李白一直都有飲酒無度的惡習，曾經在喝茫時寫下名詩〈霓裳羽衣曲〉，還要求力士脫靴、貴妃磨墨，不但得罪了當權派（高力士），還背上調戲皇上的妞（楊貴妃）的罪名，因而被開除，最後流浪到夜郎。到了夜郎他有事沒事還是一個人喝酒，自己一個人喝酒覺得悶嗎？沒有，我們讀讀李白的詩：「花間一壺酒，獨酌無相親，舉杯邀明月，對影成三人。」

一個人喝酒我們都說是喝悶酒，李白卻能自己找樂子。他拿起了酒杯敬月亮，還找自己的影子乾杯！人說書劍江山詩酒茶，李白醉酒詩百篇。不過喝酒千萬別過量，可別像李白，最後就因爲飲酒過量，傻傻跑去撈月而死啊！

再跟大家介紹一位，簡直是魯到底的人物，魯蛇界的至尊，顏回！

顏回在歷史上其實什麼業績都沒留下，人們對他的印象只有「一簞食，一瓢飲，居陋巷。人不堪其憂，回也不改其樂。」老實說，我非常崇拜孔老夫子，但是我實在很難理解，孔先生你爲什麼這麼疼愛顏回呢？在我的理解中，顏回不就是過著跟遊民一樣，有一餐沒一餐的生活嗎？

街友顏回到了後世，甚至還被稱頌爲孔老夫子的大弟子，地位崇高，爲什麼？仔細想想，他也的確令人佩服，儘管物質生活相對貧乏，但他的精神的確是豐富的，絲毫沒有因此鬱悶，也沒有因此而承受壓力，成天爲了錦衣玉食而卑躬屈膝。

從這個角度看來，不管是「茫茫人生」的李白或是「街友」顏回，都還可算是歷史上成功的魯蛇，因爲他們都勇敢自在地做自己，這也是一種成功的人生吧。

酸民始祖蘇格拉底

蘇格拉底是希臘三哲人之首，人稱西方的孔子，也是思辨學派之父。在他以前的希臘哲學大多是在討論「天怎麼來的？宇宙怎麼來的？世界是由什麼組成的？」憑良心講……那關我屁事！我只想知道我活著是爲了什麼啊！而蘇格拉底正是把希臘哲學從宇宙拉回到人身上的始祖。除了把希臘的哲學從討論天變成討論人之外，他名留青史最主要的原因是魯蛇式幽默！他是典型的「男人結婚前視死如歸，結婚後視歸如死。」娶了一個有錢的寡婦，所以不用工作，每天就在菜市場跟人聊天。有人走過來就攔下來問：「你來幹嘛？」「我來買菜。」「你買完菜要幹嘛？」「我要吃飯啊！」「你爲什麼要吃飯？」「我要活下去啊！」「那你活著要幹嘛？」……這可不是精神官能症喔，他的目的就是要刺激你思考。

有次蘇格拉底又在菜市場和陌生人聊天，他老婆突然衝過來劈頭大罵。蘇格拉底有沒有生氣？沒有。人家罵你的時候你不生氣，那他就會比你更生氣。

記得我在讀國中的時候，我的英文很差。每次考試的分數就像大樂透開獎一樣，35、27、19、26、48、33，特別號17。而當時的英文老師發考卷總是喜歡照著分數發，所以我向來都是倒數幾個拿到考卷的。記得有一次考課文默寫，我沒有背，只考了7分。

他發到我的時候異常憤怒，破口大罵：「你不讀英文就沒有國際觀、沒有國際觀就沒有知識……*@(!^#*()&^%……所以地球暖化、大陸淪陷、道德淪喪！」原來世界的亂源就是來自於我不讀英文啊！於是我想，總不能每天都被幹醮，得想個辦法。

隔天發英文考卷的時候，照慣例我又是那倒數幾個……「呂捷，17分！」就在老師正要發飆的時候……我站起來大笑：「哈哈哈……哈哈哈……我17分喔，哈哈……我真的17分喔？YA~我考17分ㄟ！」老師聽了臉都綠了，但從此之後，老師再也不敢罵我，而且還會安慰我：「孩子，讀書不是人生唯一一條路喔，你要好好保重自己。」

所以人家在罵你的時候，你只要不生氣、不難受，他就會比你更生氣、更難受。（當然我這是比較特別的案例啦，同學們還是要好好讀書喔。啾咪！）

好，回到蘇格拉底，結果他老婆受不了，隨手拿了一桶水潑他，潑完轉頭就走，蘇格拉底沒有騎著機車唱「誰說我不在乎」，而是轉過來看著他旁邊的人說：「雷聲之後必有大雨，這是自然定律。」這不是幽默感你說是什麼，簡直是高EQ之王啊！

最後蘇格拉底被希臘城邦起訴了，罪名是妖言惑眾。他們留了兩條路給他，不是處死，就是離開希臘。蘇格拉底寧死不走，所以最後被處以死刑。他雖然號稱是西方的孔子，可是以現代人的角度來看，不也是隻魯蛇嗎？就像網路酸民一樣常在網上跟人家吵架，只是當年沒有網路，所以他就在菜市場跟人爭論，最後甚至不惜一死。同學啊！**這也是魯蛇的特徵，常會堅持一些莫名其妙的東西，要知道，留得青山在，不怕沒柴燒啊！**

COSPLAY落跑的路易十六

以西方魯蛇來說，路易十六絕對是魯中翹楚！他本身沒有什麼特別的才華，祖父輩留下的江山到他手上已經千瘡百孔，娶個老婆又是拜金女，到處亂買東西，留下一屁股爛債。最後沒辦法了，只好召開一個一百多年沒召開過的三級會議。三級會議是哪三級？貴族、教士跟平民。由於家產都敗光了，所以路易十六一開口就是：「各位弟兄們，繳稅！」貴族、教士是既得利益者，原本就不用繳稅，現在當然也不想繳，但是平民怎麼投票都投不過這些貴族，只得乖乖繳稅，但沒錢怎麼辦？只好逃！後來平民們開會，發表〈網球場宣言〉，也就是著名的〈人權宣言〉，然後攻陷巴士底監獄，事情越鬧越大。

法國是當時歐洲最保守的國家，正所謂法國一著涼，全歐洲打噴嚏。歐洲這些國家的君主都怕這把火燒到家裡，兔死狐悲嘛。所以就由奧國的首相梅特律發動反法聯盟軍。路易十六當時根本不知道反法聯盟軍的存在，最後覺得情況不妙想要落跑，所以COSPLAY①成村婦，沒想到還是被抓回來，直接送上斷頭台。他的一生真是魯到底，像這樣玩掉江山的大概也只有中國的李後主可以跟他比拚了。

呂捷老師課後加強班

① COSPLAY：角色扮演。

一秒溫拿變魯蛇的凱撒

以一般的觀點來看，凱撒其實並不算是魯蛇。他很有才華，不僅帶軍東征西討，還講過一句名言：「我來，我看，我征服！」算是個一朝得志、語無倫次的代表性人物。在他東征西討的過程中，竟然完全不鳥元老院，元老院怎樣都找不到他，傳簡訊不看，寄email不理，留LINE已讀不回。最後元老院只好趁著凱撒在臉書打卡的時候找到他。[1]凱撒屌屌地回了一封信，裡面就寫了這句名言，整個大難臨頭而不自知。等他終於回到元老院要報告的時候，其實元老們已經計畫要殺他，但是凱撒無所畏懼，因爲他武力高強。元老們衝上來要攻擊凱撒的時候，有人拿圓規，有人拿三角板，有人拿橡皮擦，根本沒有攻擊到凱撒的要害，最後給他致命一擊的竟是他最好的朋友布魯托，從後面一刀刺進凱撒的心臟，凱撒回頭看到布魯托殺他的時候，放棄了掙扎……（講了一句

名言：Ｘ！怎麼是你！）其實**這也是魯蛇常見的下場，太重義氣，太相信換帖的，結果最後死在心腹或好朋友手上！**

魯蛇不代表從頭衰到腳，或許一件事就可以讓你溫拿變魯蛇，這也就是我戲稱的：「一朝得志，語無倫次。」人在意氣風發的時候，常常忽略了身邊潛在的危機，所以台語有句話說：「人在好時就要注意。」不是在衰的時候才要小心，當一切都很美好的時候，才更要小心啊。

呂捷老師課後加強班

①傳簡訊不看，寄email不理，留LINE已讀不回。最後元老院只好趁著凱撒在臉書打卡的時候找到他：當年當然沒有這些東西，只是跟你表達凱撒的目中無人和「裝肖維」的程度而已。

拿破崙犯了全天下男人都會犯的錯

拿破崙的出身並不好，和一般我們常見的魯蛇一樣。外貌不好，非常矮，身高大概只有一百六，在歐洲來說算是侏儒了！所以拿破崙從軍，在戰場上眞刀眞槍絕對打不贏，但人家說：「矮子矮，一肚子拐。」他不能力敵，所以只能智取。拿破崙數學學得很好，算拋物線可是非常準的，打仗首重三軍聯合作戰，哪三軍？步兵、騎兵跟砲兵，拿破崙的戰術很難被擊破，因爲他會先用砲擊讓對方陣式散掉之後，再派騎兵衝刺，騎兵速度非常快，等到對方潰不成軍的時候，再派步兵過去收拾戰場，這就是拿破崙的戰術。說穿了就這麼簡單，可是沒有人打得贏他。

那最後拿破崙爲什麼會輸？因爲他犯了一個全天下男人都會犯的錯，不

是外遇，是長痔瘡！他講過一句名言：「不親自上戰場督戰，沒有資格當將軍。」拿破崙每場戰爭都身先士卒去督戰，親自算拋物線。但後來長了痔瘡沒辦法再騎馬。所以戰敗的那場，原因就出在拋物線不是他自己算的啊！

拿破崙敗給誰呢？敗給他的情敵。他其實跟天下很多男人一樣，也是有外遇的。但這在當時歐洲天主教制度下是很正常的事，雖然規定一夫一妻，所以只能有一個老婆，但卻可以擁有N個情婦。拿破崙的前女友就在敵營，她非常了解拿破崙，所以跟所有手下講，不要直接跟元帥打，那要打誰？要砍斷拿破崙的手腳，所以打仗的時候，他們不是攻擊拿破崙的側翼，而是專門截殺拿破崙的信使，長了痔瘡的拿破崙會透過信使下命令，指揮前線怎麼打。一旦沒了命令，前線戰將就成了一群廢物。

而**拿破崙也犯了一般魯蛇常犯的錯，就是自視甚高，不喜歡人才，喜歡蠢才，反正你聽我的就沒錯**。因此敵營截斷他的信使就等於斷了他的神經，大腦命令根本傳達不到手腳。所以其實並不是「滑鐵盧一戰定江山」，眞正的原因是拿破崙沒有好好信任他的手下，也不希望下面的人有任何意見，只要乖乖聽話就好，久而久之，底下當然只有一群飯桶啊。

拿破崙最後連死法也不光榮，一個將軍最光榮的死法是戰死沙場，但拿破崙的死法卻很丟臉。他戰敗後被軟禁在科西嘉小島上，最後也不是悲劇英雄般的光榮處死喔，而是每天在他的湯裡加一點砒霜，一天一點，一天一點，最後慢性中毒就掛了。他也是溫拿變魯蛇的經典案例，魯蛇的人生不是一開始就黯淡，也可能曾經光輝過，但最後卻敗在自己的個性。

腦子有問題的老頭，唐吉訶德

一句話講完唐吉訶德：「一個腦子有問題的老頭騎著瘦弱的馬，抱著醜妞，一直找風車單挑。」這眞是一個很符合魯蛇形象的經典症頭：「自我感覺良好」。整天想著要拯救世界，但卻不願意幫媽媽洗個碗。

這也是這個網路世代，常在酸民身上看到的特徵，每一個人都有沖天之志，每天都在網路上看別人不順眼，跟人吵架，但回到現實，卻什麼都不行。唐吉訶德就是一個標準的代表性人物。他總認爲自己有理想、有熱情，孤芳自賞。但眞正實際來看，他卻連基本謀生能力都不足，所以唐吉訶德只能活在小說裡，要是走到現實生活裡，騎士光環瞬間掉漆，那只能做一隻標準的魯蛇了。

被命運無情捉弄的哈姆雷特

我常講，華人喜歡結局圓滿的喜劇，而西方人則喜歡悲劇。爲什麼呢？因爲西方人認爲悲劇才能感動人！但一個人要怎樣才算夠悲劇？我想〈哈姆雷特〉作爲悲劇之王眞是當之無愧，整個悲到底了。

哈姆雷特是西方悲劇的代表角色，人生從頭到尾都是個悲劇。雖然出身好，但時運很差，嚴格說起來就是天生帶賽，可能要去安個太歲[1]之類的。他出生是個王子，但生出來沒多久，爸爸就掛了，而且還是被自己的叔叔給害死的。他只好到處去流浪，好不容易終於長大，有一點點自己的力量，想要回來報仇的時候，卻發現他媽媽跟叔叔勾搭上了，這簡直是〈藍色蜘蛛網〉[2]的經典公式啊。這揪竟是命運無情的捉弄，還是善惡因果的循環呢？讓我們繼續看

下去。

最後他陷入無限苦惱，到底該不該報仇？「To be or not to be.」不殺他叔叔對不起爸爸，殺了叔叔又對不起媽媽，那，只好自殺了，不然怎麼辦？

他還有一個致命傷，就是太死心眼了。**很多魯蛇都敗在死心眼，堅持到底和不知變通常常是一線之隔**。如果哈姆雷特生在華人宮廷裡，那還不簡單，就把叔叔軟禁起來嘛，然後再慢慢折磨，給他小鞋穿，日子一久要嘛自我了斷，要嘛精神崩潰，輕鬆愉快不沾手，還可以理直氣壯說人不是我殺的，多好。

呂捷老師課後加強班

① 安太歲：台灣民間習俗，所謂「太歲當頭坐，無福恐有禍。」這是個保平安的宗教儀式。

② 藍色蜘蛛網：台灣知名類戲劇節目，通常會以旁白敘述一件刑事案件，劇情通常都有金錢和感情的糾葛，而且外遇率極高，且戲中的刑事組長一定姓「李」！

越挫越勇的魯界扛霸子馬克吐溫

馬克吐溫是美國的小說家、作家，他最有名的一本書是《湯姆歷險記》，據說裡面的湯姆就是描寫他自己小時候的成長故事。書中的湯姆是個孤兒，被一位大嬸波麗姨媽收養。而他本身，簡單來說就是一個猴死囝仔。舉凡蹺家、打架及惡作劇都是他的強項。

某天他太調皮，波麗姨媽就罰他刷牆壁。一整面籬笆牆對小小年紀的湯姆來說，超大一面的，他邊刷邊想著今天的玩耍時間整個泡湯，然後又看到不遠處一群小孩在玩耍，心裡超不爽的。而且因爲湯姆平常愛搗蛋，所以一看到他落難，那些想嘲笑他的人可是排隊等著。正當一群小孩要過來嘲笑他被處罰不能玩時，沒想到，湯姆靈機一動，竟然想到一個絕妙詐騙術。他很得意地對著這群小孩說：「拜託！你以爲幫波麗阿姨刷籬笆牆的工作，是每個小孩都做得來的嗎？只有我這種天才中的天才，才能完成這項任務。還不讓讓，讓我把這偉大的作品完成。」

當然這群小孩也不是白癡：「你騙人，明明就是件苦差事。」湯姆想，要騙當然要裝得像一點。於是開始裝得一副得意爽快貌，一邊吹口哨一邊擦著油漆，用行動表示這是件有趣又具高難度的事。小孩們越看越動搖，開始有小孩說：「那借我刷一下好不好？」湯姆眼看魚已經上鉤，決定再加把勁。「沒辦法，這種只有天才才能做的事只能我來，而且太好玩了，我捨不得讓給你。」斷然拒絕要求。被拒絕的小孩開始覺得這眞是件很値得挑戰的事，竟羨慕起了湯姆。最後決定拿彈珠、蘋果等來跟湯姆交換刷油漆。其他小孩們看了也跟著排隊，用自己心愛的玩具跟湯姆交換。哈哈哈，湯姆的奸計完全得逞。但還是演戲演到底：「好吧，我只能勉爲其難答應你們了……今天眞不是我的天啊！」

湯姆發現了一個人性的偉大法則，就是只要把任何事物變得不容易弄到手，即便那是件苦差事，大家也會趨之若鶩。湯姆眞是一個好戲子兼哲學家，可以魯得那麼聰明又有哲學，不愧是魯蛇界翹楚。

那現實生活中的馬克吐溫呢？《湯姆歷險記》因爲幽默又平易近人，所以成了美國文學經典，還獲選爲最佳兒童讀物。但馬克吐溫除了幽默，擁有一手好文筆外，其實他在現實生活中也是個魯蛇。他把出版賺來的銀兩全部拿去投資，流行什麼就一窩蜂地跟著人家投資。結果買股票慘跌、跟著淘金潮沒淘到金就算了，還搞得腰痠背痛，差一點因此喪命。最後還亂替別人擔保，弄得警察追捕，於是只能狼狽地逃離舊金山。眞是屋漏偏逢連夜雨，衰到這種地步，眞是沒事最好別出門啊！

馬克吐溫連把馬子都有點魯。他對他朋友的姊姊奧莉維亞一見鍾情，好不容易可以跟佳人朝夕相處，培養出感情，但想娶回家還得通過岳父的考驗。他岳父說：「給我你六位舊金山朋友的姓名及住址，我要請他們寫信給我，讓我了解你是一個怎樣的人。」結果每個人都把馬克吐溫講得一無是處，其中一位牧師還說馬克吐溫褻瀆上帝，遲早酗酒身亡。這是因爲作家往往是無神論者，沒事就愛批評上帝，四處得罪人。

他岳父看了信臉都綠了，開始懷疑馬克吐溫究竟有沒有朋友。這些美國人講話也太正直中肯，完全不給面子啊！不過，其實奧莉維亞早就愛上馬克吐溫，所以最後他還是抱得佳人歸，也算有個好結局囉！

但不擅理財的馬克吐溫還是沒有認清事實，繼續拿著出版賺來的錢轉作投資生意。結果當然不妙。

朋友，了解自己的優缺點眞是太重要的一件事了！優點就給他好好發揮，缺點就要努力藏拙。如果看不清自己的優缺點，那也問問身邊的好友嘛！不然結果就會很歪腰啊！

馬克吐溫在當時雖然出版了很多書，已經是個名氣很大的作家，但他還是個窮鬼。爲什麼呢？因爲他把從出版賺來的錢都拿去搞發明。他想發明的東西有：自以爲比瓦特牌還要好棒棒的蒸汽機、珂羅版（用來給印版雕刻的機器）、排字機……但這些最後都搞砸了，甚至還因此而破產，必須靠著好朋友標準石油公司首長亨利．羅傑來拯救他。最後他連書的版權也過在老婆奧莉維亞手上，以免被債主找上門要債。

以馬克吐溫當年的知名度最後卻落得這個下場，可說是魯蛇界的扛霸子。這就是搞不清楚自己的優缺點所導致。不過他還是很有志氣，最後利用環球演講，將當時的負債全部還光光。

在還清負債的過程中，他終於認清自己，成功善用自己的優點。像是運用他的好口才搞宣傳演講。並且不放棄地繼續在寫作老本行孜孜不倦，繼續出版大量經典之作。這種越挫越勇的精神，也是要成爲一隻成功魯蛇的好榜樣喔。

這不是肯德基的哥倫布

我們都知道是哥倫布發現美洲新大陸，開啓了歷史上的地理大發現時代。但這件事說來其實有點魯……

哥倫布小時候一天到晚閱讀《馬可波羅傳》，幻想自己可以旅行到東方。長大了就四處募款，向當時的葡萄牙、西班牙、英國及法國國王募款，用他那三寸不爛之舌遊說各國國王。因爲當於遠航需要非常龐大的資金，所以大部分國家都不太願意拿錢出來資助。而且他們覺得資助遠航這事很容易肉包子打狗，有去無回。但當時的歐洲其實對亞洲的香料、瓷器、茶葉、絲綢、黃金求之若渴，所以馬可波羅所描述的東方就像是貿易天堂一般，聽起來還是頗具吸引力。

最後在哥倫布百般遊說後，西班牙皇室終於願意拿錢贊助。於是哥倫布一行人便開始向西出發。這個貌似偉大的遠航其實很魯，而且還魯得很噁。上百個船員擠在一起不洗澡，不用想就知道超臭的。因爲當時還沒發明冰箱，所以哥倫布他們常常吃ㄆㄨㄣ，還得常跟老鼠躲貓貓，後來還因爲老鼠肆虐而爆發疫情，一百多個人去，只剩三十幾個回來，其他全掛掉。然後屎尿水常常分不清楚。（有發現現代魯蛇過得比哥倫布有氣質太多了嗎？）重點是這種噁爛的生活還不知道要過到民國幾年。

從哥倫布開始向西航行，他們就只能憑著幻想，幻想日本跟中國就快要出現了……快出現了……快出現了……但其實根本不知道到底會不會出現啊！這種又魯又噁的生活過個幾十天，真是會讓人很想回家啊！所以一堆團員都萌生退出的念頭。這時哥倫布還要招搖撞騙一下，拿出假的航行紀錄表，欺騙船員就快到了，快到了，但天曉得到底何時會到啊！

不過皇天不負苦心人。在七十個晝夜的遠航後，哥倫布終於看到陸地了！一行人簡直就像看到天堂。他們以爲自己到達了印度，就算不是日本或中國，至少也是亞洲的某個地方。但事實上，哥倫布抵達的是中美洲加勒比海中的巴哈馬群島，他還替小島命名爲聖薩爾瓦多。

哥倫布一行人立馬開心地尋找當地人，想跟他們交換絲綢、瓷器。但放眼望去，全都是衣不蔽體的土著，他們能交換的只有動物的骨頭跟羽毛……說好的香料跟黃金呢？往事不要再提……眞是魯到極點啊。

沒有香料跟黃金，哥倫布還是帶著戰利品回到歐洲，享受遠航成功的榮耀。他之後又去了三次，但還是沒有看到香料跟黃金的蹤跡。後來有位義大利人考察發現，原來哥倫布去的不是亞洲，而是一個當時還未知的新天地。

全世界都知道這件事了，還有人跑去跟哥倫布講：「ㄟ！你去的那個地方不是亞洲耶，不是日本、中國，也不是印度。是一個新的地方耶！」一連去了四次的哥倫布，到死都不肯承認他抵達了一個新天地……自己都替小島命名了，還不肯承認那是新大陸，我看哥倫布精神分裂症還挺嚴重的。拜託，發現新大陸也是很爽的一件事好嗎，幹嘛不肯面對現實咧？這根本就是古代「這不是肯德基，這不是肯德基！」的威力加強版嘛！

老師……
這樣說起來，
古今中外……
最後名人都會魯掉呢！
滑鐵盧
魯蛇不是一直魯，
而是一件事就可能
讓你從英雄變魯蛇！
人並不只在衰的
時候要小心，
連順遂時也要！
只要你肯堅毅地
朝立下的目標邁進，
勝不驕敗不餒……
絕對可以從
魯蛇進化成
賽亞人啦！
嗯嗯
這樣啊！

第2章

呂捷是
一隻什麼樣的魯蛇？

誕生：呂捷的童年

一九八〇年是哪一年？就是世界衛生組織宣布天花滅絕、伊朗跟伊拉克爆發戰爭、魔術方塊風靡全球、莫斯科奧運舉行的那一年。

同學請記住，一九八〇年對台灣來講更是相當重要的一個年代，此後的十年在台灣史上占有很重要的地位。這段時間，台灣經濟快速發展，迅猛起飛，與香港、南韓、新加坡合稱亞洲四小龍。政治方面，八〇年代中期解除戒嚴，更展開了民主化和本土化的浪潮。

我就是在一九八〇年，這個台灣社會、經濟、政治鉅變的時代誕生，那是個充滿希望的年代，當年的台灣物價平穩但工資上漲，只要努力，買車買樓不用愁！

古語有云，偉人出生天有異相。我出生當天風和日麗，既沒有飛鳥來報，

也沒有天降祥雲，更沒有滿天紅光！看樣子，我是與「偉人」二字絕緣了……

我出生在高雄的草衙，既然身為歷史老師，交代一下歷史是一定要的。

草衙在大高雄的發展史上居有橋頭堡般的歷史地位，草衙是草衙門的簡稱，一六六一年（明永曆十五年）就有先民隨著鄭成功渡海來台、播遷於此。入清以後武官戍衛，搭了一個草茸衙署，原本是立縣治、設衙門的首選，沒想到殺出個程咬金，不知哪個牛鼻老道說鳳山（埤頭）地理優於草衙。結果就因為這風水之說，昏官便決定秤量兩地的水來博輸贏，就跟學測一樣，同燈同分就用抽籤的，草衙手氣不好，不幸落敗出局，於是注定輸在起跑點。

其實草衙不是沒風光過，草茸衙署雖然只是籌備處，但既然是公家機關就有什麼？大人、衙役、阿兵哥啊！這些人吃什麼？吃雞鴨鵝兩隻腳的、豬牛羊四隻腳的。阿兵哥騎什麼？騎馬啊！馬吃什麼？吃草。所以有一陣子這裡也真是六畜興旺。但沒想到打狗（高雄）天熱，人畜雜處，加上管理不善、衛生不良，不但設置衙門的計畫落空，還爆發了瘟疫，真是雪上加霜，父老鄉親全部逃之夭夭，最後草衙就漸漸衰微，只剩下十多戶，正是所謂的後天失調。

不過衰人也有時來運轉的時候，一九六一年（民國五十年）由於台灣的經濟計畫從進口導向漸漸改成出口導向，政府戮力建設台澎金馬成爲三民主義的模範省，所以草衙翻身的機會來了。

國家經濟蓬勃發展，前鎮加工出口區、臨海工業區的開發讓鄰近鄉鎮的勞動人口大量湧入高雄賺吃。前鎮拆船業發達，工廠越蓋越多，越蓋越多，越蓋越多……眾多阮囊羞澀的出外人無處落腳，草衙因爲絕優的地理位置而有了生機。

歷史有其邏輯，諸位看官自可明瞭。呂捷出生在此魯蛇之地，作爲魯蛇的代表人物實在其來有自。所以我常跟同學說：「歷史上絕大多數的事，不是偶然，而是必然。」

一九八〇年代是台灣歷史上的偉大時代，我家也是見證者，老爸是建築包商，也就是台語說的「土水頭ㄟ」，在經濟起飛、遍地黃金的時代，他開發荒地、重劃區不遺餘力。以絕佳的效率，率領蓋房子的實務界人士挑磚、抹水泥，和木工師傅、油漆匠一起打拚。憑著四海的爲人、流利的口才、草根的個性，用他的專業技能爲都市居大不易的出外人做出貢獻，也在業界打出一片天。

身爲家族中最小的男丁，雖然不能說是含著金湯匙出生，但我童年過的日子，想想還是足以令很多人羨慕的。

我讀國小的時候，當年台北的大學畢業生去當公務員，一個月薪水大約新台幣一萬五千元，但水泥工的薪水一天就八百元，一個月也有兩萬多，幾乎多了一倍，雖然是靠勞力賺錢，但也還算是台灣錢淹腳目的受惠者。所以小時候，我家就有電視、四聲道音響、冷氣，跟VHS錄放影機，當年彩色錄放影機一部就要兩萬多元，能買得起也算是好野人。

老爸忙著賺錢四處巡工地，我這個小跟班也就跟著趴趴走盤撋[1]。就這樣四處亂亂蛇[2]，走遍龍蛇雜處之處（小時候我爸常帶我去三溫暖和地下賭場），廣交英雄好漢。

不過奮發如我，還是有把握時間在家自主學習的。我有空最愛借豬哥亮的錄影帶回來看，還有聽吳樂天講古，寓教於樂，培養了我日後流利的口條。講添丁、說添丁、添丁說不盡，來說傳奇，廖添丁……叮叮叮叮……

豬哥亮從小就是我的偶像，很多人都不知道本名謝新達的他，是因為飾演《廖添丁》劇中的丑角「豬哥亮」而一鳴驚人，從此作為藝名。曾與他同班的史學名家陳芳明曾回憶，有次豬哥亮闖禍，老師要體罰他，結果他搞笑演出惹得全班哄堂大笑，也因此躲過了體罰。這點我跟他一樣，練肖話③常是我逃過一劫的護身符，我愛打鬧、常闖禍，身邊總是圍著一群狐朋狗黨吱吱喳喳喇賽④，每每逗得老師哭笑不得，所以說，呂捷愛說笑，下港有名聲！

呂捷老師課後加強班

①盤撋：閩南語，社交、social。

②蛇：閩南語，有漫無目的、無規則移動的意思。

③練肖話：閩南語，講笑話的意思，但要是內容沒道理或不幽默，就會變成胡說八道。

④喇賽：閩南語，聊天。

箭靶：挨打乃家常便飯

看過我小時候戴著博士帽照片的人，都會有一種感覺：「眉宇之間透露出英氣，看起來就有一種說不出來的……違和感。」可惜，世人說小時了了，大未必佳。活潑外向、精靈古怪的我到了青春成長期，開始撞牆。

我的漢操[1]一天天大，雖然稱不上出類拔萃、鶴立雞群，但呼朋引伴、成群結黨的個性一點都沒改，總是訓導處裡的常客，往往只是要討個公道、要個道理，就被視爲愛惹事生非！還記得國小畢業時，老師給我的評語是：「健談、好擊劍，生有俠義之心。」其實就是愛講話、沒事就打架、喜歡當大哥！哈哈哈，那位老師講話眞是婉轉又充滿創意啊！

定孤支是我的課外活動，現在很流行回憶過去，關於我的少年時代，一言以蔽之：「上學是爲了對練挑戰。」文雅一點的說法是……與同學進行無規則

搏擊運動！挑戰是人類進步的原動力，所以下課的鈴聲，彷彿就是催促我站上擂臺的鐘聲！

這樣下去沒多久，學校果然覺得我的資質過於「優良」，不適合留在這裡發展。正所謂小廟容不下大菩薩，國一讀完我就「轉學」了。但我要強調的是，雖然如此，我的成績其實不差！

人生的際遇就是如此奧妙，今年我還接到母校中山國中的職業生涯講座邀請，題目是「改變人生的起點」。我接到的時候一方面忐忑，另一方面也覺得諷刺，再加上一點近鄉情怯的羞赧。我還清楚記得當年氣哭過兩個老師，不知道他們退休了沒，還有那個喜歡揍我的老師……

當時，我們班在老師心中有三個討厭鬼，其中一個就是我。只要其他兩個不來上課我就完蛋了！當老師在寫黑板時，只要有任何「風吹草動」，他通常頭也不回地叫：「……某某某出列……嗯，沒有來喔，那個誰誰誰出列……ㄜ，他也沒有來……呂捷出來！」然後我就挨揍了，總是被打得莫名其妙。

如果被認出呂捷就是我的話……哈哈哈！他們一定會嚇到血壓飆升到兩百

吧！

就這樣，我一邊回首來時路，一邊說開場白：「各位學弟妹大家好，我以前就是讀中山國中的，但是我沒有畢業。我今天要講的是我的『轉學人生』，改變的起點……」台下一陣哄堂大笑……

呂捷老師課後加強班

①漢操：閩南語，指身材的意思，但是男性專用。形容女性要用「體格」，對女性朋友用漢操是極不禮貌的用詞，切記！

刺蝟：過度自卑變自大

在求學過程中，我一直都不算是個「乖」學生。國一升國二那年，我爸倒了，至於怎麼倒，實在不足爲外人道矣。總之，他開始跑路，跑得找嘸人。那段時間每天都有人到家裡討債，所以我們兩年內搬了十一次家！

家中遭逢巨變，爸爸跑路了，媽媽是做水泥的女工，所以那個時候的我覺得自己好像什麼都贏不了別人，所以某種程度來講很自卑。爲了不想讓人瞧不起，我開始武裝，像個刺蝟一樣，正所謂「過度自卑變自大」，也因此常常會無故鬧事，老師當然也不喜歡我，覺得我是個問題人物。

而我媽媽，就是那種你在工地裡常常看到，頭戴斗笠、整張臉包起來的女工。那時候家裡環境很差，只能租房子，連電話都沒有，第四台還是偷接別人的。當時家裡也沒有洗衣機，所以我媽媽只能每天早上五點起床，拿著一個大

咖趟[1]，用手幫我們洗衣服！

平常在學校，我總是武裝（或許是偽裝吧）成很堅強的樣子。我媽每天都會騎著一輛非常非常破的機車（那輛機車還是別人不要才送給我媽的。）來接我下課。

記得有一次下課她來接我的時候，我正和幾個同學一起走出校門，看到我媽的那個當下，心裡猶豫：「我要走過去嗎？可是走過去人家就知道那是我媽了……」我心裡掙扎了好久，最後還是決定假裝沒看到。

這件事情到現在回想起來都還是很內疚的啊！再怎麼講，都是她辛辛苦苦把我給養大的，我怎麼可以那麼虛榮。更讓我內疚的是，當時我媽也沒有不高興的樣子，只是跟我說：「你同學都還在那邊耶，你怎麼不等他們走了再過來……」唉！

其實我媽眞的是很傳統的那種台灣女性，自己可以受盡所有委屈都沒有關係，只希望孩子可以出人頭地。

想想眞是可笑！當我在抱怨慘澹青春的同時，我的母親更是艱苦過日。現在想想，**這似乎也是一種魯蛇心態，對於現狀不滿，但卻只有抱怨，沒有改變與感謝！**

呂捷老師課後加強班

① 咖趟：閩南語，咖＝腳、趟＝桶。意指大型的盆子。

高中：不務正業的一千多個日子

說起我讀高中又是另一個奇蹟了！

當年國中畢業要繼續升學的人有三種選擇，就是高中聯考、五專聯考與高職聯考，總共要考三次。老實說，那年我考得並不好，不過我們那一屆號稱是左營高中有史以來程度最差的一屆！正常來說，以當年的計分標準，要上左營高中大概要五三〇分以上。但是因爲「制度」（自願就學方案：第一次教改）的因素，那一屆左營高中的最低錄取分數突然掉到三九〇分！

就這樣陰差陽錯，我莫名其妙進了左營高中，但我還不是最低分的那個喔，其實那時候我距離雄中就只差那麼一點點。嗯……大概差了……一五〇分左右。哈哈！分數高又怎麼樣，又不能拿來買便當換錢用，我分數那麼低還不是長到這麼大。

不是我在說，當年我們班的氛圍，還真不適合念書。

我記得，當年的左中流傳著一段話。高一上：「非台大不念！」高一下：「台清交成政師同屬一流大學！」高二上：「其實國立大學都很好啦！」高二下：「其實……有些私立大學不會比國立的差到哪裡去，況且讀書是自己的事，只要我願意努力，讀哪裡都一樣啦！」高三上：「有學校念就好……」高三下：「ㄟ……聽說現在報名重考班有打折ㄟ……」

老實說，**這就是魯蛇的心態，夢想越來越小，要求越來越低，對自己越來越好！**

高一時我住在家裡，我家距離學校很遠，所以我每天不到六點就得起床，但是我幾乎沒有遲到過。高二我開始在學校旁邊租房子，都是等到校門快關上那一剎那才衝進學校。高三我又搬回家裡住了，那時候，我就再也沒有在正常時間到學校過了，通常進教室的時候都已經是第二節課了……

高中三年，我想考上台大法律系的夢想從來就沒變過。但對於實踐這遠大目標的努力卻也從來沒有認眞做過。

這也是魯蛇的標準配備！**總是想拯救世界，但卻不願意幫媽媽洗碗**。

眼高於頂，手低於膝！心大如象，膽小如鼠！

不過高中這三年我並沒有白過，我還是做了很多狗屁倒灶的事情。大奸大惡不敢，但小打小鬧不斷。

我記得高三那年，由於我們班導師考上了博士班，禮拜三的最後一堂課是自習課，但是他博士班有課，所以不會出現。讀過高中的朋友都知道，通常自習課都拿來考試。照慣例我會把考卷交給旁邊的同學（姑且就叫他阿財吧），然後留下一句：「ㄟ！幫我拷貝一份！」就帥氣地蹺課了！

但正所謂：「不怕神一樣的對手，就怕豬一樣的隊友。」當你成爲一隻魯蛇的時候，所託非人這檔事就像吃飯一樣自然頻繁。過了幾天，老師要發考卷了，老師一走進教室劈頭就問：「呂捷，這份考卷你有考嗎？」我當下瞄了一下我旁邊的阿財，他堅定地看著我，輕輕地點頭。我不再遲疑、毫不考慮地對老師說：「當然有啊！」

老師開始唱名發考卷，時間一分一秒地過去了，周遭的同學也都拿到了自己的考卷，只剩下我跟阿財沒拿到考卷……「呂捷，我再問你一次，你眞的有考嗎？」我再一次偷瞄著阿財，他用更堅定的眼神看著我，並且頭非常肯定地點了兩下！

不瞞您說，我猶豫了……但秉持著對同窗的信任與兄弟的情誼，我信他！我再度對著老師大聲回答：「有！當然有！」老師悠然一笑，但似乎夾雜著一抹陰森：「好，這裡剩下兩張考卷，可是奇怪的是，沒有呂捷喔。啊，可是有兩張阿財耶！」×……我當下萬念俱灰、了無生趣……只想問老師：「你想這個梗……多久了……」

有光榮事蹟嗎？我們曾經在一次慶生會中喝掉十七箱台啤算嗎？喔，不算嗎？好吧，那……那就沒有了。

放棄：遊手好閒、不務正業

高中畢業後，我考上後段班的大學，但我沒有去念。那段時間我做過很多狗屁倒灶的事情，因爲覺得家裡環境那麼差，讀書好像也沒什麼用，改變不了什麼現況。所以沒有補習多久，我就放棄重考，出去工作了。我曾經在超商裡當過店員，也當過水泥工，還從事過殯葬業，然後也在我朋友開的那個，呃，「替天行道公司」上過班。

在那段荒唐的歲月裡，我深深感受到什麼叫做「義氣」！「義氣」既然是一種氣體，也就摸不著、看不見，但是當它出現的時候，你立刻會有感受。還是不懂嗎？

那我告訴你，**所謂的「義氣」……它就是「屁」**！

承平時期、太平日子，朋友換帖相挺扶持、把酒言歡、稱兄道弟！

利益當頭、大難將至，昔日麻吉爭功諉過、挖洞補槍、爭權奪利！

這就是現實人生，不是什麼社會黑暗，而是人性，每個人都得爲自己活下去！最後你會發現，接納你、保護你的不是那些所謂的換帖ㄟ、鬥陣ㄟ，而是你的親人和你家的沙發。

變形金剛：媽媽一滴眼淚的神奇力量

那是人生中一段很茫然的時期。我從小就被人家瞧不起，所以異常地渴望成功、出人頭地，但卻常常只是標新立異、孤芳自賞，最後再用自我感覺良好來掩飾心中的那股自卑！

那時候過的生活就是，每天都喝酒到早上五、六點才醉醺醺地回家，然後睡到下午。正是台語所謂的普攏貢[1]，整天遊手好閒！

直到有一天傍晚，我還在睡覺。昏黃的夕陽打進了我的房間，有種夕陽西下、斷腸人在天涯的感覺……我媽就坐在我的床邊，輕輕把我叫醒。我帶著起床氣問她：「創三毀[2]啦？」她說，你再去讀書好不好？

「啊我是要讀什麼啦？這麼久沒有讀了，是要讀什麼啦？」我沒好氣地回她。

就在那一瞬間，我看到媽媽的一滴眼淚掉了下來……感覺跟拍MV一樣，四周突然安靜了下來，臉上還打著spotlight，然後她說：「你再想想看啦……」轉身就走出去了。我突然完全可以感受到那顆眼淚載著滿滿的傷心與故事……

於是我開始面對自己。**面對真實的自己，是擺脫魯蛇的開始！**

那個時候，我猛然從宿醉中驚坐起來，開始思考這些日子我到底在幹什麼？我大哥十六歲就開始賺錢養家了，唐太宗李世民十七歲就帶兵打天下了。我都二十歲了，竟然還讓一個做女工的老媽媽，帶著一身乾掉的水泥坐在床邊替我擔憂！我一遍又一遍地質問著自己，這樣有資格稱自己是男子漢嗎？

我媽說要幫我報名補習了，叫我自己想想看。我想了兩天，本來一直覺得自己很行很跩很厲害，結果長到二十歲還讓老媽媽爲自己頭痛。好，既然報名了就去試試看吧！做什麼像什麼，我就認眞做做看！

那段時間，我每天讀書超過十四個小時，連大便都在背單字。當然努力是有成果的，成果就是……我長痔瘡了。

手機關機、廢寢忘食，我當時還創下一個紀錄，就是曾經連續四天沒有洗澡，但是我不覺得髒（雖然家人都覺得我髒），因爲我覺得我渾身充滿了鬥志與希望！

七月三號我考完聯考後，我將手機開機了，光是未接來電的簡訊就響了快一個小時，當然有很大一部分是電信公司的催費簡訊，而另外一部分，則是朋友傳來的髒話，問候我是不是跑路了！

努力是有成果的，公布成績當天我還在工地打工，我當年補習班的導師雯潔（她可是我當年的女神，長得很像賈靜雯喔！）打電話給我，問我成績如何，我故作鎮定地說：「我不知道ㄟ，我還在工地做水泥，還沒去查（其實是不敢面對現實）。」

她用略帶睡意的聲音（事隔多年想起來還是很悅耳）跟我說，那我知道了以後要第一個跟她說喔。掛完電話之後，我仰天長嘆，繼續拿起磚頭砌著牆，還是不敢查成績，心中有著既期待又怕受傷害的酸楚。

突然，電話又響了！雯潔又打來了！

「喂……」
「我知道你的成績了喔！」雯潔興奮地說著。
「幾分？」（驚慌、激動、害怕，心臟都快從嘴巴跳出來了。）
「你收到成績單就知道了，國立大學一定會上！」啪，掛電話。
我哪裡還有心思做工，立刻跟我大哥請假，我要回去收成績單了！
×！我要上大學了！
我守在一樓等著郵差送成績單來，心中還是充滿了不安與期待，雯潔會不會耍我，尋我開心啊？如果眞是這樣，那這個玩笑可就開大了。
等等等，郵差終於來了，我拿到成績單了！國文八十幾分、數學七十幾分，歷史快九十分，地理七十幾分，英文……英文十四分！哈哈哈哈哈，這眞的是我的成績單沒錯。大學，我來了！
選塡志願時我只塡了六個志願，全部都是法律系。我一生最大的的夢想就是當律師，因爲我讀書成長的階段剛好經歷台灣民主化的過程，整個就是律師的世代，陳水扁、蘇貞昌、謝長廷、蔡英文、馬英九、呂秀蓮……掌握大政的幾乎都是讀法律的。而且小時候看電影，劉德華的法中情、法內情、法外情更是帥到不行，所以我對法律系一直有種莫名的嚮往。

但是，人算不如天算……

呂捷老師課後加強班

① 普攏貢：閩南語，台灣人講流氓分成幾個檔次，分別為鱸鰻、七逃仔、鱸鰻囝仔、普攏貢，而普攏貢是最低檔次。順帶一提，解嚴後，鱸鰻漂白就叫做……立委！

② 創三毀：閩南語，幹什麼！加強版為「創三洨」。

逆轉：誤闖歷史叢林的大白兔

那年我的成績其實考得不錯，所以中正大學的法律系應該是會上的。不過我第一志願還是填了台大法律系。雖然明知道不可能上得了，但還是偷偷期待電腦當機把我給掃進去。第二志願我填了政大法律系法學組，當然我知道這應該也是不會上的，但還是期待電腦當機把我給掃進去。到了第三志願，我就依正常落點估算，填寫中正大學法律系法學組，接下來是財法組、司法組。最後一個志願，我填了東吳大學法律系的法學組。

放榜當天查榜，我輸入我的名字，結果出現了三個。第一個是政大社會學系，那不是我。第二個是慈濟大學食品管理系（現已改名），我雖然喜歡吃，但那是自然組的，也不是我。第三個是中正大學歷史系！

奇……怪……了……？難道是電腦當機把我給掃進去了嗎？

於是我再用我的准考證號碼查榜，這次結果只有一個：「中正大學歷史系！」那時候剛好是農曆七月。哇咧！見鬼了嗎？我整個傻了！怎麼會這樣？趕快找出志願卡影本一看，原來……我代碼表畫錯了，眞的畫錯了！

但好不容易才考上的大學，難道不去念嗎？沒辦法，最後只好慢慢接受這個事實，所以我剛去念大學的時候常常鬱鬱寡歡（靠腰我念這是要做什麼），也不敢讓家人知道。家人問起就打哈哈混過去，不敢說實話，我擔心我爸媽年紀大了，受不了這個刺激啊……

後來我爸還是知道我讀歷史系了，因爲那時候學校有個「千萬人才培育計畫」，我是系狀元，所以獎狀就莫名其妙寄回家裡了（這也是我人生中第一次因爲成績優秀而獲得的獎狀，但是，我一點也不開心。）他氣得飆三字經：「啊讀那個是要×××！研究五百年以前的人吃飯是用什麼碗逆！」

就因爲這個「千萬人才培育計畫」系狀元的身分加持，所以才剛開學，系主任就下了條子，請系辦公室通知我，主任召見！

老實說，我當時的第一個直覺是……才剛剛開學而已，我應該還沒惹事吧？（沒辦法，以前當學生風格太「強烈」，一時不習慣當好學生啊。）誰知道，主任見到我的第一句話居然是問：「標哥啊（我當年還眞的長得很像一位中部重量級的政治人物），你分數這麼高，怎麼會想來讀歷史系勒？」

唉，我心想，總不能照實回答他：「×勒！啊就塡錯了啊！」

於是，我用最誠懇、最堅定的眼神看著系主任：「主任，夫史也，民族之精神，人群之規鑑，國可滅而史不可亡啊！」剎那間，只見系主任鼻頭微酸、眼泛淚光，激動地握著我的雙手：「標哥啊，我等你這種人才，等很久了！」

哇哈哈哈哈哈，誰說誠實爲上策。有時候，完成老先生的宿願也是功德一件，可以傳爲美談啊。

那……我的法律夢、律師人生呢？

我後來也去修了法律系的課，但這才發現，法律其實並沒有我想像中的有趣。所以我常說：**「上帝關起一扇門，祂就會幫你開一扇窗。只是上帝常常開開關關，你也不知道祂到底在想什麼。不過，所有的安排都是最好的安排！」**

最少我知道，自從考上大學開始，我媽就開始對我這個孩子有了榮譽感，出去都說：「我囝仔也在讀大學啊！」

從老媽的那一滴淚，到誤打誤撞進入大學開始，我覺得我的整個人生被轉變了！從以前沒有人喜歡我、所有老師都討厭我、唾棄我，沒事就把我叫出來揍一頓，到大學開始遇到欣賞我的教授，人生好像完全不同了。

被需要：由「我」玩四年的大學生活

不管我的入學過程有多離奇，進來後教授有多欣賞我，我終究還是要面對現實，畢業以後我該怎麼辦？而且我在剛入學的時候，就已經沒有一般大學新鮮人的興奮，反倒出現了許多適應不良的症狀！

第一、中正大學在民雄，當年大學生活圈還沒成形，講句誇張一點的，根本就是「方圓百里杳無人煙」啊，草都比人還高哩！想買包菸、買瓶酒，都得騎機車下山。

第二、由於出過社會了，突然再回歸校園，實在讓我很難適應。當時系上辦的很多活動在當時的我看來，眞的是極度幼稚、低能、白爛！（**後來想想，這種心態才是真的幼稚，把所有事物都拒於千里，自以為高人一等，不如放開**

心胸，積極融入，才有機會學到東西，反正人都已經在這裡了不是嗎？）

第三、唉，歷史系ㄟ，讀這個是要「創三洨[1]」啊？

因爲以上幾點，所以其實開學不久，我就開始萌生休學的念頭。不過生命總會找到出路，我試著放下社會氣，走出宿舍，放開心胸去參加系上辦的所有活動，結果竟然意外找到了……我在過去的求學階段中，幾乎從未有過的「被需要感（有人說是認同感，但我覺得被需要感比較貼切一點）」。

首先是壘球隊，當年因爲「灌籃高手」這部漫畫的關係，籃球隊自然人滿爲患。據說，光是籃球隊的經理都比壘球隊的球員還多！可見壘球隊的人丁有多稀少，所以我一入隊就是主力先發球員，附帶一提，當時的中正歷史系壘隊完全沒有候補、沒有板凳，只要是人、還能動（行動遲緩也不要緊），你就是先發！當時加上我總共十個人，嘟嘟好可以湊成一隊去比賽，所以，所有人都怕我請假、擔心我遲到！

哈哈哈！被需要的感覺眞好！

而且就在這個時候，出現了我大學時代的貴人：「顏尙文老師」。

顏老師當時接了一個國科會的計畫，要做田野調查，參與的人員必須要會講台語。毫不意外的，系主任當然就跟顏老師推薦我囉！因爲我從小的成長背景，再加上出過社會，所以我還滿能與社會人士或耆老們溝通。而且因爲顏老師身體欠佳，所以在一些重要場合裡（當然不是學術研討會，而是喝酒、擋酒的場合），常常需要我的護駕。久而久之，我自然成爲顏老師團隊中的固定班底！

老話一句，被需要的感覺眞好！

但是，還是有個問題沒解決。就是讀歷史系畢業到底要幹什麼？能幹什麼？不瞞您說，我眞的也不知道。我唯一能想到的，就是去修法律系的課。但是，我並不快樂。

呂捷老師課後加強班

① 創三洨：「幹什麼！」的語氣加強版。

幻滅：魯蛇成長的開始

我小時候有個不爲人知的願望是做師公①！因爲我覺得當道士是最有權威的職業，比如說今天你回家，你媽叫你跪你可能不會理她，學校老師叫你跪你也不會理他，可是當你家在辦喪事的時候，師公叫你跪，你絕對不敢說不要，兩跪六叩得跪，三跪九叩你還是得跪，絕對沒有一個不字。

到了國中，台灣的棒球正火紅，於是我的夢想就變成站在投手丘上，投一顆一百五十公里的直球。

幻滅是成長的開始，現在不管是要當職棒選手，或是律師、師公，好像都不太可能了，怎麼辦？好在當年我們的系學會很強，每個學期都辦了一拖拉庫的活動！漸漸地，我有一個奇想，如果我把這些活動、美宣、文稿和行政的人才全部集中起來，那我們畢業之後就可以開一家公關公司了啊！因此我更加投入地參與、企畫系上的活動，從中結識了一堆夥伴（嘿嘿！包括我老婆。）這些活動的過程中，我除了學到很多辦活動的方式與技巧外，也帶走了滿滿滿的回憶！

雖然我後來沒有走上公關這條路，但至少我曾經有夢！這也是我常跟學弟妹講的，**當你身為一個歷史系學生時，就應該比其他系的同學更早從實際面下手，仔細思考未來！**

至於成為一個補習班老師，則從來不在我的人生規畫當中。記得有一天，我和朋友在一家我常去的海產攤喝酒，突然有一輛補習班的車子開過來，就是以前三菱那種箱型車，後面還貼著某某補習班的名字。然後車上走下來四、五個人，海產攤的老闆對他們喊：「老師好，裡面坐！」

當他們從我身旁走過時，剛好有一位老師跟我四目相交，於是我也跟著說：「老師好！」他嚇了一跳問我：「你是我的學生嗎？」我說：「不是，我是中正大學的學生啦。」結果我們兩個就這樣聊了起來。

他問我：「你是什麼系的？」

我說：「歷史系。」

他問：「歷史總複習你會不會教？」

我那時年輕氣盛，笑一笑說：「簡單啦！」結果他隔天就打電話給我了，原來他是那家補習班的老闆。接著我就去補習班面談，然後不知不覺就這樣踏上補教之路。他爲什麼會突然找一個剛認識的歷史系學生去教？一開始我還以爲是慧眼識英雄咧，結果發現，原來是因爲他的補習班快倒了，根本沒有人願意幫他上課啊！我的補教人生就這樣莫名其妙開啓了，果然，**所有的安排都是最好的安排！**

呂捷老師課後加強班

①師公：閩南語，道士的意思，民間分為紅頭師公和黑頭師公兩種。一般來講，黑頭師公主喪，而紅頭師公主福。

補教人生：為師三部曲

回顧我的教學生涯，我把它分成三個階段。前面三年，我不是個老師，我是個諧星！靠著祖師爺賞飯吃，利用天生的幽默感教書！

第四到第九年，我是個教書匠，每天講一樣的故事、講一樣的笑話、畫一樣的重點。一天過一天……

這幾年，我才比較像個老師，因爲我開始會去關心孩子。也才漸漸明白：「師者，所以傳道、授業、解惑也。」

入行之初，我並沒有把教書當一回事，只是覺得做這個有錢賺。而且以當時還在讀大學的我來說，確實是一筆不錯的收入。除了讓我不愁吃穿以外，還可以讓我喝喝小酒、當當大哥，所以我大學還沒畢業就買車了。大學畢業後，也因爲早就有工作，所以一點也不需要擔心錢的問題，整天輕鬆愜意地過日

子。有課賺錢，沒課賺清閒。

未來是什麼？唱句張清芳的歌：「我還年輕，心情還不定。」所以我開始過著漫無目標，今朝有酒今朝醉，管他現在是幾月的日子。身邊有小錢可花，但又沒大錢需要煩惱！

就這樣，我進入了第二階段，「教書匠」的補教生涯。在教學這條路上，我的技巧看似成熟了，上起課來更是輕鬆愜意，完全沒有備課的問題。頂多，就是應付一下所謂「教改」的教材改版。回想起這個階段，跟同輩的朋友相比，我看起來似乎是成功了，小日子過得也不差。但其實，我的心態卻也漸漸走向魯蛇的邊緣了！

我的工作順利、日子愜意，但原本有的一點雄心壯志卻也跟著懈怠、腐蝕……人生好像失去了目標。雖然也不是遊手好閒，明明還是努力工作，但卻怎樣都提不起勁來。總是拿這些微不足道的成就來騙自己，告訴自己：「不錯了啦！二十幾歲這樣很好囉！」

在午夜夢迴、夜深人靜時，偶爾也會想，這樣一天過一天好像不太好ㄟ，

我就這樣在店家的門口停了三分鐘，想想算了，還是開車回去吧，畢竟我已經沒有收入了，就算不貴的酒，對我來說還是太奢侈。我以前根本不相信有憂鬱症這種事，但現在想想，當時不但有憂鬱症，恐怕還得了上課失憶症！

記得之前有個台灣投手在日本職棒投得很好，但不幸受傷後就得了「投球失憶症」，因而回到台灣。我那時候也不相信，哪可能會有投球失憶症這種事？不就是這樣丟過去嗎？可是在那段跌到谷底的日子裡，我相信了。因爲我發現當時的自己應該就是得了「上課失憶症」。症狀就是，上一句話講完，卻不知道下一句話在哪裡，整個節奏亂掉。上課應該是要有節奏感的，這句話講完接著要講什麼、中間穿插什麼，包括抑揚頓挫都要整體搭配得很好才行。這是我以前最拿手的，現在卻完全失憶了。

那種疑似憂鬱症的感覺是，什麼事情都不想做，每天躲在家裡不想出門。當時我在網路遊戲的帳號就開了八個之多，每天沉迷在網路世界裡。除了藉著線上遊戲來排解煩悶，我還會強迫自己抄心經。

還好，人都有自省能力。兩個月過後我發現，這樣不對！地球不會因爲你失意、失戀、失業、失眠、失婚而停下來等你一秒，我還是得要走出去！首先要把心定下來，我找出自己以前上課的影片來看，同時也找回自信心。因爲我眞的忘了從前是怎麼上課的，看了那些影片，自己也覺得好笑有趣，當時怎麼有辦法可以這樣上課，怎麼想到可以用這樣的方式來詮釋歷史。於是我上傳了一段上課影片，也想看看陌生人對我上課的反應，沒想到，這就是我重新站起來的契機！

我重新面對自己，**面對真實的自己是擺脫魯蛇的開始**！

致謝

我在補教業打滾這麼多年，歷經許多低潮，其中幫過我的人很多。但我一定要特別感謝兩位長輩。

一位是我的恩師—謝明政老師。我師承謝明政，這一手功夫都是他教的，是他讓我在講臺上站得穩。

謝老師教的歷史是有感情的，他的學問淵博，處處引經據典。在我求學階段，何其有幸可以上到他的課，成為他的學生。而在我踏入補教之路後，又何其有幸可以拜他為師，他是我永遠的師傅，謝明政老師。

另一位是我永遠的長輩、大哥—莊立航老師。在我遇到補教生涯與人生最大的危機、低潮時，他從旁給予我各方面的協助與支持，教導我人生的哲學，讓我快速成長。

沒有莊老師我走不出那個關卡，他是我永遠的長輩、大哥，莊立航老師。

正所謂：「年少時與名師學習，年長時與英雄共鼎，年老時與方外論教。」我何其有幸，可以結識這兩位既是良師，又是益友，當然英雄，也為方外！

當然要謝的人太多了，那就……謝天吧！但這兩位就是我在補教業的天！

地球啊！是絕對不會因為你失戀、
失業、失眠或失婚……
而為你停任何一秒！
NO！
所以！看看我魯得這麼成功，你們一定也可以！
老師我有問題！
蠢羊請說。
這個參考數據的意思是……
我們要成為跟老師一樣的魯蛇嗎？
不、啊對、好像不是……

第 3 章

如何做一隻成功的魯蛇？

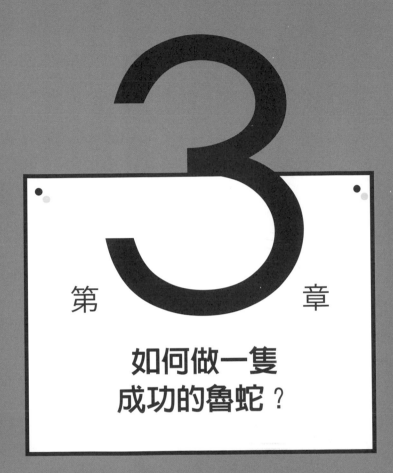

現代有一種文明病叫做「茫然感」。不知為何而戰、不知為誰而戰。不知道讀書是爲了什麼、不知道工作是爲了什麼。脫離魯蛇的第一步，就是要找回熱情，讓心轉變！

山不轉路轉，路不轉人轉，人不轉心轉

何謂山？山就是大環境，不要期待自己是鋼鐵人。想要用自己一個人的力量來改變世界，這是不可能的。那該怎麼辦？既然大環境無法改變，那路就要改變！

什麼是路？路就是一種選擇、一種方法。當大環境不好的時候，你就不能選擇以往大家所熟悉的成功之道，因爲那是沒用的，此路不通怎麼辦咧？那就繞道而行啊！如果想破了頭，就是想不到有什麼新方法、新選擇，該怎麼辦？那就人轉吧！先廣泛地投資自己、提升能力，一旦你變強了，選擇也會跟著變多。但是，千萬別把選擇當作退路。既然選了，就請好好走下去蛤！

或許你會說，我不想這麼累，也不想出類拔萃。我又該如何才會快樂？OK～那你就只剩下心轉了。不要抱怨，不要比較，不要有理想，此生注定只會有小確幸，沒有大成就。可能會有人批評你不知長進，你只要笑笑看著他說：「青菜蘿蔔各有所好，鍾鼎山林人各有志。」再瀟灑轉頭離去就好。

要知道，鑽石其實不過就是一顆石頭，但是經過高溫高壓，自然會綻放出光芒！沒有壓力就沒有成就，你可以選擇當一顆耀眼的鑽石，也可以選擇一輩子都是顆不起眼的石頭。

但是，既然選了，你就要真的打從心裡淡泊名利。可不要在午夜夢迴、夜深人靜的時候，想著別人的成就搥心肝、摔杯子！付出多少就拿回多少，這是你自己選的路喔。

山不轉路轉：風的想法

以我自己爲例，我曾經在人生最低潮的時候開始懷疑自己。失去了事業、失去了自信、失去了幽默感和教課的能力，我該怎麼辦？我還有老婆和女兒要養，我不能倒下！我得再站起來！於是，我打電話給我以前上課的補習班，跟他們要我之前上課的錄影帶，回頭看看我以前是怎麼上課的，重新找回站在講台上的感覺，並且修正我上課的內容與節奏。

在此同時，我也四處去投履歷應徵，求老闆跟主任給我機會，鐘點費低沒有關係，只要願意給我機會試試就好，試上的效果如果不滿意，我就不收錢。但就算如此低姿態，依然處處碰壁！人家連試上一次的機會都不給我，想想也是，誰願意拿自己的補習班給你做實驗？

還記得有一間補習班的老闆叫我去面試，結果我在他的辦公室外面等了半

個鐘頭他才見我。他劈頭第一句話就是：「我不缺歷史老師，我只想看看你長什麼樣子。」然後就開始介紹他們家族的豐功偉業，講述他在補教業的影響力和地方實力！

就這樣，我看盡了世態炎涼。但我並沒有倒下，我得活下來！我得讓更多人看到呂捷！什麼方法最快？沒有資源的我，唯有倚靠網路了。於是我開始將我的上課影片上傳到臉書，也因此今天才能在補教界擁有小小的一席之地，以尚稱滿意的薪水養家活口。

所以，**眼前的挫折是為了下一次的成就奠基，可惜的是，大部分的魯蛇通常會陷落在失敗的情緒中，怨天尤人**。不要看別人，我就是在說你！

《賽德克巴萊》這部電影裡有一句台詞我很喜歡：「跟異族人打仗，不能用異族人的想法，要用風的想法！」你的想法和做法不能跟上個世代一樣，你得善用這個世代的優勢與能量。這是個網路世代，只要你願意動腦，只要你用心，一定會找到方法與商機。網路是個好東西，只是千萬不要沉迷。它提供了你無止盡的資料庫，以及近乎免費的宣傳廣告。當年的YAHOO如此、無名小站如此、現在的臉書也是如此！

當然，如果你只把網路當作無止盡的殺時間戰場，那我也沒辦法了。在網路的世界中，只要用心，你就會發現需求，有需求才有市場，有市場自然會有資金的流動，掌握資金的動向，你才能把這些資金弄到自己的口袋啊！

接著是鼓動同一世代的能量。你有的不滿，同一世代的人一定也有，就看你怎麼把它引出來，進而創造一股革命的力量。這些年來的民運、社運雖曾風起雲湧，捲起千堆雪，但爲何多數在鋒芒過後還是曇花一現，無疾而終，強虜灰飛煙滅呢？問題在哪裡？

我個人的淺見是，當名利既收，他們的做法與想法都漸漸步上老政客與老政黨的路。但當你的方法跟他們一樣時，又怎麼可能玩得過在江湖打滾多年的老狐狸呢？雖然有句話說：「三十歲以前是左派，那是浪漫。三十歲以後還是左派，那是笨蛋。」但現在年輕人哪裡需要等到三十歲？只要名利一到，不管嘴上說得多好聽，其實心裡已經變成右派啦！所以千萬別墨守成規，只要仔細評估風險，就趁年輕最可以吃苦，最可以承受失敗的時候，放手一搏吧！

路不轉人轉：讓自己變得更有價值

很多書都要你投資自己，很多人都叫你投資自己，很多所謂的大師也都教你怎麼投資自己。但是他們的建議通常是要你學外語、考證照，當然這也是個方法。可是，眞的用得到嗎？你眞的會用到嗎？用到的時候，你眞的行嗎？有實務經驗嗎？

我常開玩笑說，去××電腦之前我是個水電工。去完××電腦之後，我是個有電腦執照的水電工！要學習也要有目標、有目的啊，而不是一窩蜂地跟潮流，拿香跟拜！你要知道你學這個幹嘛？你對未來有沒有規畫？學這個對你的規畫有沒有幫助？否則盲目學一堆用不到、不實用的東西，也算是一種投資失敗。那你該怎麼投資自己呢？既然開宗明義就說「人」轉了，那當然是先從人

脈與人際關係下手，這個社會的根本還是人啊！

我常在上課或到各大專院校演講時跟學生談夢想，要如何成爲台灣的比爾蓋茲、巴菲特這種太過誇大的夢想不說，先談點小的吧！你要送自己一個什麼樣的畢業禮物？或是怎麼留下青春的印記，讓自己老了的時候回想起大學時代，有什麼可以拿出來說嘴的事？

如果時光可以倒流，你會怎麼過大學生活？

首先，我建議如果家裡的經濟條件許可，那大一大二就不要打工，好好享受青春吧！**十八、十九歲的青春，以一個小時一〇五元賣掉真是太廉價了！**至於畢業之後怎麼辦？這也留到大三大四再煩惱。有活動就去參加、有演講就去聽、有人邀你辦活動就去參與，管他是主辦還是協辦。投注你的熱情，付出才能傑出、關心才會開心！通常在辦活動的過程裡，你學到的會比在教室多得多，尤其是溝通與人際關係。

我從升大三那一年開始，寒暑假都去打工。我算過，時間加起來大概在三個半月左右。再加上大四那一年的暑假，你可以整整工作五到六個月，這筆錢大概是十萬塊左右。拿這筆錢幹嘛？千萬不要去買手機、買包包！不管多高階的手機或是包包，都不值得讓你用青春來換！

計畫一場告別學生時代的自助旅行吧！趁著人生的最後一個寒假，好好出國走一走。你可能會問，爲什麼大四那一年的寒假是學生時代最後一個寒假，我想繼續讀研究所不行嗎？哈，可以啊，但讀研究所就沒有人把你當學生看囉！你已經是大人了！

行程怎麼規畫我管不著，你有你的興趣與喜好。但是，我曾經看過一個給新鮮人看世界的建議，就是不要搭廉價航空，甚至是，不要坐經濟艙，就坐商務艙吧！很多人說，一個台灣兩個世界，其實何須講到這麼大，光是一架飛機就有兩個世界了。贊成這樣的看法是因爲可以讓你打開眼界，享受商務艙的服務、看一下商務艙裡的人都在做什麼？第一，這可以開啓你的視野與企圖心（野心），第二，或許你在機上可以結識對你往後人生很有幫助的「長輩」也不一定啊。

你會說，商務艙很貴ㄟ！哈哈！一支手機兩、三萬，還要排隊排三天，能用多久？兩年。能讓你炫耀多久？半年。你怎麼就不覺得貴呢？有個幾乎像是神話般的故事是這樣的。一位台灣的企業家跑路了，但還是堅持坐商務艙，結果在飛往沙烏地阿拉伯的班機上，認識了沙烏地阿拉伯費瑟國王的堂哥。交談之下，他竟在短短的旅途中獲得了很多特許行業，最後來個鯨魚大翻身，重新開啓企業版圖。當然這種事情發生的機率或許只有千萬分之一，但即使是在旅程中，讓自己有機會近身觀察、看見不一樣的人生，那也是很值得的。

運動也是不錯的投資，如果同樣以培養人脈的角度出發，哪一種運動也有相對的投資價值呢？打高爾夫球吧，這是一項年齡限制相對較小的運動，你到老了都還可以下場玩玩，不用怕被年輕小夥子撞斷老骨頭，可以是一輩子的運動。而且說不定光是在練習場，你就可能認識一些對未來人脈有幫助的老闆。

這可不是傳說，而是曾經發生過的眞實案例。曾有桿弟（也有桿妹，但不是那種特殊關係的乾妹妹喔！）因爲在大老闆眼前工作，待人接物的態度受到賞識，因而開拓了另一種人生。當然這不是叫你一天到晚去幫大老闆揹球具，也不是要你學高爾夫就爲了攀關係，當作登天捷徑。而是在學習一個運動的同時，也深入了解這個運動的規範，以及獲得在人際互動中附加的機會。現在很多大學都開有高爾夫球課，因爲這個運動已不再只有富豪才玩得起。此外，也有很多天使投資人常出沒在健身房。在運動的時候，如果可以觀察不同年齡、不同行業的人在休閒時的人際互動，也是很有趣、很有收穫的一件事。

再次強調，我的重點並不是要大家去商務艙或高檔運動場地「釣凱子」，而是鼓勵年輕人試著以不同的模式與思考來投資自己，跳脫不同的生活圈與慣性思考，才能有更多突破。

省錢絕對不是王道！我實在不喜歡一些網路上瘋狂轉貼的文章，像是：「三十歲之前賺十億」「綿線纏成球，省錢成功術」「我每天省一杯拿鐵，二十八歲就買了第一間房子」……

「三十歲之前賺十億」雖然不一定是假的，但是我知道我辦不到！當然，我不行不代表別人不行，所以我還是會爲賺十億的這位成功人士喝采！問題是，這麼高的成就一定有其極爲特殊的背景、時機、能力與個人特質。各位魯蛇們，我們的際遇應該沒那麼好，不然你也不會買這本書了。（中肯吧？）

上面這種文章通常分爲兩類，其中一種是從小就開始打工，然後很省、很省、很省，省到餐餐都啃白吐司，三個月不知肉味。或許眞的因此有了人生第一桶金，但是，你的身體受得了嗎？你的朋友受得了嗎？你的情人受得了嗎？以現在的房價，你要存到猴年馬月？

另外一種，就是省錢加投資，靠著每年多少趴多少趴的穩定獲利。可是你別忘了，「基金投資有賺有賠，申購前請詳閱公開說明書。」只要來個金融大海嘯，那可就全沒囉，就算沒死也重傷啊！當然你也可以存十年就爲了等一次金融大海嘯，然後來個逢低買進。但是我不得不提醒你，海嘯常常不是只有一波，或許你一下海，第二波就來了，而且更大！

王品集團董事長戴勝益曾說：「月薪沒有五萬，就不要存錢了！」這是我近年來聽過最中肯，也是對社會新鮮人相當有幫助的一段話，雖然他也因此被媒體和鄉民網友罵得很慘。但是這段引起爭議的話點出了一個觀點：「平平是錢，你要花在不知不覺的消費、罰單上，還是可能一直追不上通貨膨脹的利息上，或是思考自己的不足，積極投資在學習、健身、開拓見聞等，這些有助於未來翻身的活動上。」

以現今台灣的物價來看，薪資不夠高的人真的很難存到錢。尤其又在外面租房子的話，扣除房租、水電、伙食、交通、娛樂、資訊類開銷，甚至如果還有保險的話，那你幾乎是存不到錢的！如果硬是要有儲蓄，那一定得在生活中有所取捨，像是健康、休閒、交際、人脈，甚至是愛情！但是這些，我認爲全部都是生活中必備的元素，絕不可輕言放棄！所以，既然節流已然難以達成，那麼開源就是唯一出路！

要開源，就要先花錢。人憑衣裳馬憑鞍，打理門面不可少。我記得大學的時候，有一位醉心學術的學妹一直在當某教授的助理，由於這位學妹的家裡環境並不好，所以畢業後便放棄深造，直接就業。這位教授在學妹畢業時做了一件讓我很佩服的事，他包了個紅包給學妹。當然這不是讓我佩服的點，而是他給紅包時對學妹的教誨。他提醒學妹，不要把錢拿去買書，要去買一些衣服和化妝品。這位教授除了課業外，還教導了學校沒教的「社會事」，而這正是出社會後最需要知道的事。

去參加社團與聚餐，多跟朋友聚聚吧，別捨不得吃頓好料。讀書固然重要，但閱讀一個人更有趣！好友就像一本書、一扇窗，可以讓你增長見聞、開拓視野。聚會的過程中，你會聽到許多故事與知識，在這片刻交流裡，你可以隨著他們的故事身歷其境，穿梭時空。不管他是成功還是失敗，都值得你學習，能讓你未來少走很多冤枉路。

人不轉心轉：好人脈也要有好人緣

很多人搞不清楚「被尊敬」和「讓人恐懼」的差別，我小時候也是這樣。反正你會怕就好，管他是什麼理由。但長大成熟後，我回想起以前那個我，著實感到汗顏。如果人與人之間的互動，只是因爲你比我強、比我狠、比我凶、打不贏你。那跟狗的生活有什麼不同？人的互動應該建立在尊敬與尊重上。

現在很多人看到我會很開心，覺得和呂捷相處很快樂，我覺得這才是打從心底的喜歡。有人說我現在紅了，但我覺得我仍然只是一個小小的歷史老師，喜歡跟人聊天，朋友來自四面八方、形形色色。可以在家裡和老友泡茶、翹二郎腿、叼根菸、嚼著「台灣口香糖」、再配上兩句「親切的問候語」，天南地北鬼扯，這種生活有多自在開心啊！

我也會關心來找我的學生，問問他們有什麼事情可以幫忙解決。想要有好人緣、好朋友嗎？凡事都從與人接觸開始！

我國小到國中這個階段是中華職棒最瘋狂的時候，週末根本不用約，上完課就拿著球具上球場。你不認識他，他也不認識你，但就會開始找人「K機壁」[1]。那個時候大家的技術都不成熟，所以漏球了也沒關係，後面自然會有人幫你撿球丟回來，然後記得說聲謝謝。常常這樣謝來謝去，久而久之就漸漸熟了，接著就開始自組球隊，學習團隊作戰和溝通技巧。誰當投手？誰當捕手？這都要溝通。這都是在教科書裡學不到，但卻是成長過程中最重要、最該學到的事，因爲在溝通中，你會得到朋友、了解和樂趣！

小時候沒有護具誰要當捕手？有些球隊捕手有面罩，注意喔，只是面罩而已，就已經讓我們這支以國小六年級生爲主的球隊羨慕不已了！我們球隊的捕手，可是用著血肉之軀與男子漢過人的勇氣來對抗無情且堅硬的紅線球[2]啊，想到這，眞是爲當年的戰友感動不已。

如同我以上所述，可以預期的，我們球隊的捕手是消耗品。在多位弟兄爲了球隊最後的勝利壯烈成仁後，也輪到我了……謝天謝地，祖上有德，在那一場比賽中我全身而退了！但我發現，這眞是一個非常恐怖的位置！於是我發起，由全體隊員共同出資來買一套護具以減少傷亡，好讓球隊永續經營，也迅速得到大家的支持，讓捕手這個位置更加穩定，讓整個隊形逐漸打了出來。

總之，跟人接觸是件很快樂的事。人與人就是要接觸。「人」字寫起來簡單，但做起來難。當你躲在網路世界裡，你甚至不是人，只是一串ID跟一個暱稱而已！所以，不要再做鍵盤上的巨人、現實中的侏儒，走出去交朋友吧！像我這種從撿球開始，然後延續到性命相關（當捕手）的革命情感，可不是你在網路找得到的！

呂捷老師課後加強班

① K機嬖：Catch ball，傳接球。台灣的棒球術語多半源自以日文發音的英文。

② 紅線球：硬式棒球。

自我管理才是成功的王道

一旦出了社會之後，你會發現大部分的事情都不是你能掌握的，唯一可以掌握的就只剩下自己了。但如果你連這麼一丁點自我都無法管理的話，那麼成功之門勢必緊閉不開，縱使偶然得以窺視，那也實屬僥倖而已，終究還是不得其門而入。

何謂自我管理？就是一種對欲望和人性的控制。對我來說，大人跟小孩的界線向來不是年紀與成就，而是自我管理的能力，而這通常也是成功與失敗的生死門！自我管理除了守時、守法、善盡其責這些老生常談以外，更重要的就是，對欲望和人性的控制。

當面臨存亡時刻與利益誘惑時，你能克制得了自己嗎？面對勝利時，你是否欣喜若狂，一朝得志，語無倫次，進而埋下了失敗的種子？面對慘敗時，你

設定目標是擁有成就感的第一步

很多人問我，做事一定要有目標嗎？一定要達成什麼嗎？答案是肯定的。一定要預設目標，有目標才會有成就感，有成就感才有熱情。沒有目標往往讓人陷入不知爲誰而戰、不知爲何而戰的困境。

那怎麼設定目標呢？所謂的目標就是「眼睛」所能看到的標的，要以容易達成的爲優先，用成就感來累積熱情與自信。還在讀大學的同學，就像我前面提的，請思考一下，如何送自己的青春一份禮物。已經出社會的，想想大學時期有沒有什麼未完成的夢？

記得在大學畢業的時候，我買了三支好酒。一支寫著一百，一支寫著三百，另一支寫著五百。什麼意思呢？也就是當我賺到人生的第一個一百萬的時候，我要開第一支酒來慶祝，淨資產達到三百萬的時候，要開第二支酒來慶祝，以此類推。結果，我在工作的第二年就開了第一支酒慶祝。第三年開了第二支酒。至於第三支酒呢……哈哈，在某一次心情不好的時候喝掉了。不過至少我的達成率是百分之六十六點六喔，以現今的政府執行率來說，很高了啦。

當你達成了第一桶金的目標，之後呢？你就要設定第二階段的目標。那這些錢要做什麼呢？現在很多年輕人流行去澳洲打工留學，但問題是，要問問你自己，爲什麼要去？

總要有個目標，別只是拿香跟拜。賺錢、增廣見聞、享受青春都可以，但如果你是想去賺錢的，也得訂個目標。譬如兩年後我回台灣時要帶回一百萬。如果你要的是增廣見聞，那別忘了隨時留心身邊發生的人事物，說不定回台之後還可以出書當暢銷作家，而且在觀察的過程說不定還能發現新商機。而如果你只是要享受青春，那也請在盡情揮霍時做點紀錄，留下你青春的印記。這樣，你的金錢與時間才會花得值得。

面對衝突與管理衝突

在〈pH値幾近於零的網路世代〉這篇我會提到，既然當前的世界已經進入一個階級世襲的社會，那你要如何殺出一條血路？想要打敗戰後嬰兒潮世代的老一輩經營者，你該怎麼做？很多人會選擇先去熟讀這個世代的口述傳記跟經營之法，癡心妄想「最堅強的堡壘要從內部破壞」，要學他們的方法來打贏他們！

但我認爲這已經犯了立論基礎上的錯誤。首先，你沒有戰後嬰兒潮世代的環境背景，他們就是在艱苦中成長，所以在成功之路上比你能吃苦！這不是你的錯，也不是他們爲成功之路所作的選擇，只是先天環境不一樣而已。

再來，你以爲看他的口述傳記就可以學到他的方法嗎？那你又大錯特錯

了！眞正的決勝關鍵，他怎麼會放在書中昭告天下呢？他會跟你說，他當年怎麼走後門、怎麼偷工減料、怎麼官商勾結的嗎？不可能嘛，所以看看可以，但只要當勵志故事看就好，別太認眞！

最後，時移勢易，他們的政商關係極爲穩固，以你的財力和你所能提供的利益根本不可能撼動，你或許會幻想「烏龜比氣長」，你還年輕，可以等他老、等他退。可是在他退休之後，一定會有妻小兒孫接班，所以還是此路不通啊，你只能靠自己想辦法殺出一條血路。

有一段話是這麼說的：「有人的地方就有利益，有利益的地方就有衝突，有衝突的地方就是江湖。」所以郭台銘曾經講過，做生意要帶三分的兄弟氣，也就是霸氣！唯唯諾諾只會引來軟土深掘，所以不要怕衝突，有原則就不亂，衝突是進步最快的方法！練球是爲了比賽，而讀書累積實力，不就是爲了處理成功路上的衝突嗎？

面對是最好的戰鬥，攻擊是最好的防守！因此，不但不要怕衝突，必要的時候還要刻意製造衝突！十九世紀普魯士宰相俾斯麥爲了讓日耳曼得以統一，刻意製造與奧國和法國之間的衝突，發動了普奧戰爭和普法戰爭。所以，製造衝突不失爲解決問題的手段，但要切記，比製造衝突更重要的，是管理衝突。

所以如何做隻成功的魯蛇？簡單來說，就是「**投資自己**、**管理自己**。**面對衝突**、**管理衝突**！」

挫折與成就成正比

「今天的大事，是明天的小事，是明年的故事。」因爲我學歷史，所以綜觀古今五千年之天下事，什麼大事沒看過，隨便一件都比我們遇到的挫折嚴重太多了。很多變故或風暴，你現在可能會覺得很嚴重，但過了十年、二十年回頭想想，一定會覺得雲淡風輕。甚至還能淡然一笑。

就像國小時忘了交作業就會覺得完了完了，世界末日了。但其實世界並沒有因此毀滅啊，十年後來看這件事，哪有什麼，不過是被老師修理而已，但當時卻覺得天要塌下來了。所以看淡挫折，不要因此而沮喪。因爲所有的安排，都是最好的安排。

成功的時候，我們往往會被勝利沖昏頭，看不見自己的缺點，因此常在掌聲響起時迷失自我。我因爲長期的挫敗，意外體會到「挫折管理」這門學問。

發現挫折是最好的學習，因為只有在面對挫折時，人才能真正的看清自己。

人生沒有一條路是白走的，當你在抱怨失敗的時候，其實正是自我檢討的最佳時機。如同我一直強調的「歷史只有必然，沒有偶然。」人的失敗也是一種必然。所以首先，你要先靜下心來，面對失敗這個事實，並問問自己，爲什麼失敗？

別再怪別人背叛你、陷害你了。很多失敗的人都會這麼說：「他是我最好的朋友，我這麼信任他、相信他，沒想到他竟然挖洞給我跳！」其實，信任的背後常常包藏著自己的懶惰。過程中你一定曾經覺得好像哪裡怪怪的，但又懶得花時間了解、學習、查證。如果這樣的心態還能成功，那你下雨天可千萬別出門，會被雷劈的！

有人說：「信任就像一把刀，當你把它交給別人的時候，他只能選擇捅你，或是保護你。」但我認爲：「信任就像一把刀，當你把它交給別人的時候，他只能選擇捅你，或者是……一直捅你！」你必須知道，沒有人比自己更可靠，凡事親力親爲都不見得能成事了，更何況你還選擇了怠惰！

成功的時候，你會發現很多人說你是他的好朋友、好麻吉。但**失敗的時候，你才能真正知道，誰是真朋友**。**趁這個時候好好整理人脈資料庫吧**！下次奮起的時候，他們將會是你的助力，也是你該報答的對象。至於那些傷害你的人，你也該心存感激，因爲他們讓你學習到的課題甚至比幫助你的人還多。這些挫敗將會逼著你學習與成長，也讓你能更理性地看待人際關係。

最後，挫敗會激發人的潛能與創意。人都有求生的意志，往往在一無所有時，你會更認清自己，知道自己哪裡不足，知道自己是什麼樣的一塊料。從得過且過、混口飯吃，到認清唯有殺出血路才是活命之道！

所以，**這一次的挫折是為了下一次的成就奠基，千萬不要放棄挫折教你的那些事**。

嗯……
怎啦？
我在訂定目標……
很好！要立下夠清楚的目標才行！
我告訴你我怎麼達成自己的夢想吧！
我在大學買了三支名酒！只要我達到上面寫的金額目標，我就能夠喝掉它！
壹百萬
參百萬
伍百萬
哇啊！真的好明確又有感呢！
好，那麼減五公斤就吃日式霸肥，減十公斤就去吃牛排無限……
這樣只會越來越像我而已啦！

第4章

pH值幾近於零的網路世代

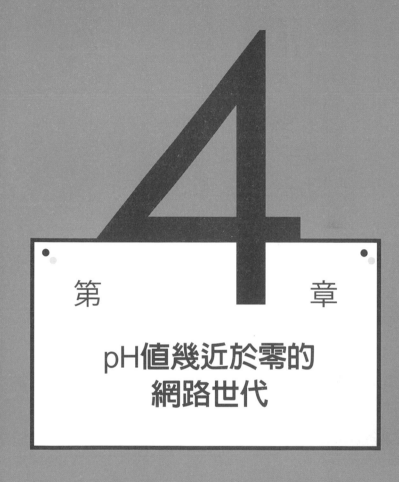

二十一世紀的全球化產物：魯蛇世代

上個世紀四、五〇年代（也就是指一九四〇年到一九六〇年間）出生的人，我們通稱爲戰後嬰兒潮世代，如此稱呼是因爲在二次世界大戰結束後，遠赴戰場的男人卸甲返鄉，造成了大量生育的潮流。而台灣也在這股潮流內。

戰後嬰兒潮世代的人在貧苦中出生，但在希望中成長。我們常在電視上看到嬰兒潮世代的企業家回憶他的童年，總會敘述他兒時有多麼艱苦貧困。然後再述說著當年的艱辛造就了現在的成功。所以，他們的成功有其時代背景。

六、七、八〇年代是個中小企業輝煌的年代，而且投資門檻低，所以占盡天時、地利、人和。天時：因爲當年資訊不明，所以只要多讀點書、多懂點法規就可以有門路。地利：台灣當時身處開發中國家，百廢待舉，土地成本低，可以開發的地方多，所以處處有商機。人和：法規未完備，人治勝於法治，有關係就沒關係，沒關係就有關係。我常講這是「淘金歲月」。但是他們肯吃苦、能吃苦，並且腳踏實地、堅持到底的精神，還是值得我輩魯蛇們學習的。不過這些嬰兒潮世代的下一代們，便開始有了重大的落差！

我們常看到這些企業家交棒之後，企業或集團便開始走向解體衰敗，正所謂「富不過三代」，甚或只有兩代。第一代的創業者，常與員工、老臣有著革命情感，這是一起打拚天下、一起流血流汗流淚的回憶，因此多半秉持商德與情感，對員工多有照顧，願雨露均霑。

他們的二、三代多是坐享其成，常常在國外讀書讀到三、四十歲才回來接棒，從小在父母親的資助與庇護下成長，一進公司就以「大權在手，天下我有」的心態傲視老臣。並且急於運用在國外學到的「理論」整飭員工、建立制度，完全不管風土民情與企業文化差異，讓理論凌駕實務經驗。而且他們自小享受慣了，所以對自身的開銷絕不手軟，但對員工的福利卻錙銖必較，搞到公司離心離德。奇怪的是，這些二、三代在同儕間卻享有莫名的虛榮與優越感！

白手起家不再，網路酸風潮

網路世代可說是生於富裕、長於疼惜、成於絕望、終於……酸！

我常開玩笑，現在想發達有兩大模式：一、會投胎：生於富貴之家，標準的贏在起跑點上。二、娶好妻、嫁好尪：倚裙帶關係、憑伴侶之勢。

天生的條件差異，造成社會越來越嚴重的貧富不均。他們不像嬰兒潮世代，只要努力就有希望，嬰兒潮的下一代如果沒有贏在起跑點上，那就會非常的辛苦。久而久之，這些先天不良的魯蛇們心裡便產生了怨懟。於是社會漸漸形成兩種極端反應。媒體天天在跟蹤「富二代」「貴婦團」的一舉一動，網民看了一方面羨慕，一方面嫉妒，所以找到機會就會狠狠「潑酸」。這種酸，酸到有腐蝕性，用化學術語來說，其pH值已幾近於零。這種酸，首當其衝被腐蝕的，其實是自己的心靈！一點都不健康，也一點意義都沒有！

酸世代與網路霸凌

現在台灣好像只剩下一個BBS站了。但我當年讀書的時候，根本整個就是BBS的世代。

那個時候剛開始有無名、有部落格，但是還沒有臉書。當時BBS的世界出現一種版，叫做「砍樸楞版」，也就是俗稱的「幹版」！版上大多數人的特徵是，望著天空，嘆氣、拒光、膽小、退縮、沒自信、且pH值趨近於零。

想不到，這個族群在現今網路世界居然急速暴增，而且常常發表一些極盡尖酸刻薄，近似謾罵的言論來吸引目光。他們什麼都能罵、什麼都會罵、什麼都要罵。我常說，如果你眞的這麼勇猛，那我還滿期待你到黑道的堂口勸戒他們改邪歸正，或到路口規勸飆車的少年趕快回家！

還記得當初我因爲一段「用水肥車鎭暴」的影片在網路世界裡有了一點名

氣，但接踵而來的，是一連串的攻擊與謾罵，其中用字遣詞之難聽，實在是不堪回首。網路文字裡有謾罵、有詛咒、有諷刺，更有人身攻擊。那段時間，我每天心情低落，甚至是暴瘦，在短短一個星期內瘦了三公斤。我從小到大，從來沒有受過這樣的侮辱，並且，我對這些負面批評有著深深的無力感！

主要原因是，你根本找不到對手。因爲那些人永遠只躲在網路線的那一頭，你根本不知道他是誰。就算想單挑都不知道對手在哪裡，拔劍四顧兩茫茫。其次是，縱然我知道支持我的人遠比罵我的人多，但是，這些酸我的網友們戰鬥力實在太強了！他們總是有辦法占盡版面，與其他人奮戰到底。事情發生的當下，最先跳出來挺我的當然是我的學生，但是大人做的事何必讓孩子站在第一線，害他們爲我和不知名的人打筆戰？最後我決定 po 文澄清、道歉，並且要求我的學生好好念書，別再將時間花在網路上爲我辯護。接下來的日子裡，我沉寂了好一段時間。

一直到兩個月後，社會上發生了數起情殺案，我才又重新上傳「呂捷談佛法之一桶綠茶篇：龍蝦與綠茶」。這個時候，伺機而動的酸民們又跳出來了！

「這個老師是都沒有在上課喔？」「我幹嘛花錢去聽他講這個？」諸如此類的批評，也因此我又上傳了「莫名其妙記憶法」，以簡單的諧音教學生背年代，希望讓大家看到我對教學的用心，但是批評仍然沒有停過。於是，我漸漸學會釋懷。這句話說得很好：「在網路世界裡，認眞你就輸了。」我開始經營我的臉書，講述著我的生活哲學與趣事。

從水肥車事件發生到現在已經一年多了，我走在路上還從沒遇過有人衝過來「幹譙」我，也沒遇過有人敢當面辱罵我。我至今遇過最大的侮辱就是有人衝過來說：「你是那個……那個……那個什麼捷啊，喔，鄭捷齁？」當然，我只是笑笑地看著他說：「鄭捷學的是刀法，我學的是歷史，這位朋友，你認錯人囉。」

這些所謂的網路霸凌事件讓我學會，千萬不要得了網路人格分裂症。對於網路上的批評，笑笑就好，別放在心上。**不要跟豬打架，因為那只會讓豬很快樂，然後搞得自己一身疲憊！不要跟傻子爭論，因為爭到最後，大家都分不清楚誰才是傻子了。**

網路同理心並非真的同理心

酸民最喜歡強調同理心。動不動就批判別人沒有同理心、沒有同情心！但我倒認爲酸民們的同理心太廉價了，他們的同理心、同情心，常常只是爲了逞一時的口舌之快，並以這個道德至高點爲武器，攻擊與他立場不一樣的人。什麼叫做同理心？沒遇過很難有同理心啦！

記得有一次，我帶女兒去壽山動物園玩，不知道爲什麼，壽山動物園裡猿猴類的動物特別多，有猩猩、狒狒、長臂猿……逛完園區之後，我抱著女兒走出動物園。就在這個時候，我女兒指著一個小男孩，小聲地說：「猴子。」雖然我覺得這樣不好，當場也給了她機會教育，但內心還是忍不住偷笑。就在這個時候，我女兒突然轉過來，幽幽地指著我說：「把鼻，河馬。」就在這一剎那，我才完全體會剛才那個小男孩的心情，才真的有了同理心！
所以，沒遇到同樣情形是很難有同理心的啦！

聰明是一種天賦，善良是一種選擇

二十一世紀是資訊爆炸的時代，常識、知識隨手可得，只要動動手上網，幾乎沒有找不到的資訊。再加上廣設大學是政府的教育政策之一，以至於高等教育已經變成基礎學歷，因此人人都受過良好的教育。但可惜的是，良好的知識教育卻無法展現在爲人處事與風度教養上。

現代人似乎都太聰明了，聰明到可以找出各種制度上的漏洞，並在這些縫隙中游刃有餘。在商場上、職場上、網路上你會發現，有些人眞的非常聰明，但是他們並沒有選擇善良。

以網路世界而言，不管是任何議題，總會有兩派人馬各持己見，運用文字及無懈可擊的邏輯在論戰。從他們無懈可擊的邏輯你可以發現，他絕對是個聰明之人，但他卻沒有選擇善良。

可知道，善良往往比聰明更可貴！由於很多人已經忘了善良爲何物，久而久之，他們也不相信別人會選擇善良，不相信眞的會有笨蛋無私地做善事。這眞的很可惜，別忘了，**聰明是一種天賦，但善良是一種選擇啊。**

白目文化令人憂：重修魯蛇說話術

網路世代除了酸，還有另一個讓人憂慮的現象：白目。

因爲少子化與網路世界的影響，漸漸改變下一代的價値觀，也改變了很多家長的教育方式。很多夫妻只生一個，所以獨生女、獨生子變成常態，而公主病與媽寶也就屢見不鮮，不足爲奇了。現在的孩子常常得到父母滿滿的愛，有時候甚至超出界線，已然成爲溺愛。也因此白目文化油然而生。

什麼叫做白目，我們來爲白目做個定義：「白目者，眼裡只有眼白，沒有瞳孔，因此看不到。」引申爲「不長眼、不識相、搞不清楚狀況。」

我個人認爲，白目排行榜第一名的應該就是裝熟。人與人之間，因爲身分、年紀、性別、職務高低和親疏遠近的關係，應該要有分際的存在，這是一條看不見，但是感受得到的紅線，「裝熟」就是大剌剌地踩在這條紅線上。

以性別來講，有些笑話不能開在女孩子身上。跟異性朋友相處，一定要保持某種距離，這都是常識。你可能會說，老師你不知道啦！我跟他（她）很熟啊，他（她）不會在意的啦！是的，或許他（她）不會在意，但是她的男（女）朋友可能會介意喔，而且是很介意……輕則讓人不舒服，重則鬧上社會新聞，不可不愼啊！

就職務、身分與年紀來分，千萬不要用對同輩的語法來對長輩或長官，我敢保證，裝熟絕對不會有任何好處，而且還會增加長輩長官對你的嫌惡。不管他人有多好，多和藹可親。縱使你感受不到他的不滿，甚至還微笑以對，但是他的心裡可能早已髒話連飆，怒氣衝天！那是因爲長久的歷練與修爲，所以他可以克制住怒氣，保持一貫優雅的風度，但他很可能已經在你的頭上打了一個大叉叉了！

尊重與禮貌，這是人類獨有，並值得驕傲的文明。

很多網友寫信給我會出現很不當的用詞，例如：「嘿，胖子、唷，大摳

ㄟ、病貓……」老實說，我根本不認識你，你哪位啊？或許你會說，老師，你不是常說自己胖嗎？是的，我可以說我自己胖，但不代表你可以說我胖！簡單的幽默常常是以自己做效果，而白目的人則是常常以別人做效果！

「見人說人話，見鬼說鬼話。」也是魯蛇們必學的生存技巧，正所謂「一句好話三冬暖，惡語傷人六月寒。」有時候，語言也有撫慰的力量，但是人要是一旦白目，語言就會變成一種暴力。

講話是一門藝術，同樣的一句話，你可以有很多種講法。如何說出一朵蓮花來？我能理解每個人都有不一樣的成長背景和家庭環境，所以很多人常說：「我本來就是……我從小就習慣……我爸媽都對我……」很抱歉，我可以理解，但不一定能諒解！

總之，**不要把白目當幽默，不要把惡搞當創意，不要把自私當自我！**

歌曲代表魯蛇的心

音樂和詩一樣，都能反應一個時代的背景和當下的人心。所以從流行歌曲來看世代落差，也不失爲一個輕鬆有趣的方式喔！

穿越時空的〈燒肉粽〉

雖說不同世代的流行歌曲背景不同，但我發現，用這首在一九四九年發表的歌曲來講現在的魯蛇世代，竟然可以穿越時空而毫米不差！

詞・曲：張邱東松

自悲自嘆歹命人　父母本來眞疼痛
乎我讀書幾多冬　卒業頭路無半項
暫時來賣燒肉粽　燒肉粽　燒肉粽　賣燒肉粽

要做生理眞困難　那無本錢做未動
不正行爲是不通　所以暫時做這項
環境逼我賣肉粽　燒肉粽　燒肉粽　賣燒肉粽
物價一日一日貴　厝內頭嘴這大堆
雙腳跑到要鐵腿　遇著無銷尚克虧
認眞再賣燒肉粽　燒肉粽　燒肉粽　賣燒肉粽
（燒肉粽　燒肉粽　賣燒肉粽　燒肉粽）

魯蛇心聲第一段：

魯蛇世代在計畫生育與少子化的背景下，通常都是被父母捧在手心上的寶，但也因此比較容易自怨自艾。常見他們抱怨大環境，感嘆空有一身武藝卻找不到舞台，所以只能在夜深人靜時，熬夜上網找人吵架，罵罵政府、酸酸名人、譙譙財團，一吐心中怨氣。

在教育改革與廣設大學之下，魯蛇們通常也擁有高學歷，大學多如毛、碩士滿街跑、博士也不少。很多大專院校爲了保持學校的「銀運」，對於入學資格及畢業把關也就睜一隻眼閉一隻眼。氾濫的高學歷造成了學歷通膨，導致在就業市場裡，文憑不値錢，畢業常常伴隨著失業。青年的失業率屢創歷史新高，以致很多年輕人乾脆選擇自己做個小生意，像是擺地攤、開飲料店、賣雞排等。

魯蛇心聲第二段：

而在現今這個資本主義當道，講求完全資本利得的二十一世紀，想在商場與製造業裡有一番成就，那幾乎要比〈藍色蜘蛛網〉裡「李組長不皺眉頭」還要困難。因爲高科技讓製造業的入門門檻提高了，現在的機器、儀器動輒以億爲單位，沒有富爸爸，實在很難與財團對抗。

所幸大部分年輕人還算散漫，喔不，是善良。雖然小吵小鬧不斷，但大奸大惡還不敢，因此只要眼前還有點小生意可做、還有工可打，就先頂著吧。

魯蛇心聲第三段：

物價上升、油電雙漲、原物料飆、房價新高。如果有家庭負擔或是已婚有小孩者，那壓力之大，常常讓人喘不過氣。別忘了你可能還有助學貸款要繳。龐大的經濟壓力逼得你不敢休息，甚至不敢思考未來、不敢有夢，只能硬著頭皮埋頭苦幹，但是經濟狀況還是很難得到改善。過低的起薪讓人失去夢想。爲了維持生活品質，可能要身兼兩份工作。但是根據報導，剛畢業的青年有六成以上月薪低於三萬元，成爲不折不扣的窮忙族。

開店賣小吃的如果不小心遇到食安風暴，碰上餿水油、毒澱粉、塑化劑……勢必又會影響生意，滯銷賠錢。上班族則可能因爲金融海嘯、全球經濟蕭條，而被迫放無薪假甚至是裁員，影響收入。那怎麼辦呢？現實生活的壓力逼著你無暇思考這些，還是先把手邊的工作做完，繼續來喊「燒肉粽，燒肉粽，賣燒肉粽」吧！

困頓年代的代表〈孤女的願望〉

詞：葉俊麟

曲：米山正夫

請借問播田的田莊阿伯啊
人塊講繁華都市台北對叼去　阮就是無依偎可憐的女兒
自細漢著來離開父母的身邊　雖然無人替阮安排將來代誌
阮想要來去都市做著女工度日子　也通來安慰自己心內的稀微
請借問路邊的賣菸阿姐啊
人塊講對面彼間工廠是不是貼告示要用人　阮想要來去
我看你猶原不是幸福的女兒　雖然無人替咱安排將來代誌
在世間總是著要自己打算才合理　青春是不通耽誤人生的眞義
請借問門頭的辦公阿伯啊
人塊講這間工廠有要採用人　阮雖然也少年攏不知半項
同情我地頭生疏以外無希望　假使少錢也著忍耐三冬五冬
爲將來爲著幸福甘願受苦來活動　有一日總會得著心情的輕鬆

民國五、六〇年代，時值台灣加工出口區蓬勃發展的時代，農村的少男少女不願甘於耕壟，所以紛紛離開農村，遠赴異鄉逐夢。縱使根本不知道台北在哪裡，甚至連台北這兩個字都不會寫，還是懷抱著理想與希望，踏上逐夢之路。

從歌詞中，你可以感受到當年的生活艱辛，這個女孩或許連坐車的錢都想省下來，所以才會沿途問路，尋找她的希望之都——台北。沒有人替她安排工作，沒有人幫她安排住所，但她一點都不驚慌擔憂，反而擁有堅定的信念。

不在乎待遇、不在乎錢少、不在乎工作環境與大量的粗重活。沒有現代人錢多事少離家近、位高權重責任輕的幻想。是什麼讓她能有如此堅定的信念？不就是「改變」二字！她相信忍耐個三五年，努力工作存點積蓄，以當時的低物價，或許可以在台北購置一間小公寓，一圓有家的美夢。或是做個小生意，當自己的老闆，踏踏實實地擁有自己雙手打拚回來的一切！

這樣單純簡樸的信念，以及願意拚就能擁有房子的低物價，現今社會裡似乎已不復見了。

經濟奇蹟〈愛拚才會贏〉

詞・曲：陳百潭

一時失志不免怨歎
一時落魄不免膽寒
那通失去希望
每日醉茫茫
無魂有體親像稻草人
人生可比是海上的波浪
有時起有時落
好運歹運 總嘛要照起工來行
三分天注定 七分靠打拚
愛拚才會贏

人生總有高低潮，運勢好壞雖然無法操之在己，但努力還是不可少，總要按部就班地走，等待下一波漲潮。做好準備去迎接下一個機會的時間都不夠了，哪有時間去憂傷！

這是一首獻給七〇年代魯蛇的歌。民國七〇年代的台灣，我們創造了舉世聞名的經濟奇蹟，中小企業蓬勃發展，創業是當時年輕人可以企及的夢想。但是，當有人登上高峰時，總有人蹲在角落嘆氣。創業失敗是常態，別被一時的挫折打敗。

當年，大街小巷都聽得到這首歌，不管成功、失敗、選舉，都要唱這首歌，傳唱的頻率比國歌還高。魯蛇們，我們可以失了事業，但不能輸了鬥志！一起高喊「愛拚才會贏」吧！

新新人類的陽光〈我的未來不是夢〉

作詞：陳家麗

作曲：翁孝良

你是不是像我在太陽下低頭　流著汗水默默辛苦的工作
你是不是像我就算受了冷漠　也不放棄自己想要的生活
你是不是像我整天忙著追求　追求一種你想不到的溫柔
你是不是像我曾經茫然失措　一次一次徘徊在十字街頭
因爲我不在乎別人怎麼說
我從來沒有忘記我　對自己的承諾　對愛的執著
我知道　我的未來不是夢　我認眞的過每一分鐘
我的未來不是夢　我的心跟著希望在動
我的未來不是夢　我認眞的過每一分鐘
我的未來不是夢　我的心跟著希望在動　跟著希望在動

這是張雨生的成名之作，我還記得它當時是「黑松沙士」的廣告歌曲。

民國七〇年代後期，台灣社會有著劇烈的轉變。不管是經濟、政治、文化，還是社會氛圍，這個時代的青年在當時有個專有名詞，叫做「新新人類」。新新人類們有著與戰後嬰兒潮世代完全不同的價值觀念與生活方式。在政治上，外省籍青年由於「生於斯長於斯」，漸漸走出一九四九年的大逃難與懷鄉情緒。而本省籍青年也走出白色恐怖與政治迫害情結，雖然出身背景完全不同，但卻殊途同歸地正要拋棄悲情，走出自己的路！

有別於現在的「富二代」，他們想炫耀的不是身家背景與物質享受，而是白手起家的成就感！有別於現在的「負二代」，他們的精力不是用在網路上口舌之爭，而是在工地、職場的奮鬥努力！在這個熱血沸騰的社會氛圍下，年輕人心中充滿了活力、陽光與希望，試圖用自己的雙手跳脫魯蛇的宿命。

夢想起飛〈向前行〉

詞・曲：林強

火車漸漸在起走　再會我的故鄉和親戚
親愛的父母再會吧　到陣的朋友告辭啦
阮欲來去台北打拚　聽人講啥物好空的攏在那

朋友笑我是愛做暝夢的憨子　不管如何路是自己走
OH！再會吧！OH！啥物攏不驚
OH！再會吧！OH！向前行
車站一站一站過去啦　風景一幕一幕親像電影
把自己當作是男主角來扮　雲遊四海可比是小飛俠
不管是幼稚也是樂觀　後果若按怎自己就來擔
原諒不孝的子兒吧　趁我還少年趕緊來打拚
OH！再會吧！OH！啥物攏不驚
OH！再會吧！OH！向前行
台北台北台北車站到啦　欲下車的旅客請趕緊下車
頭前是現在的台北車頭　我的理想和希望攏在這
一棟一棟的高樓大廈　不知有住多少像我這款的憨子
卡早聽人唱台北不是我的家但是我一點攏無感覺
OH！再會吧！OH！啥物攏不驚

OH！再會吧！OH！向前行

台語歌曲一直對火車、火車站和台北這幾個關鍵字，有著特殊的情感和意涵。在台語歌曲中，火車不只是一種交通工具，更是一種希望的起點。而火車站在歌曲中的用途絕對不是網拍面交的場所，也不是上下班通勤的必經之地而已，它通常會是離別的代名詞。台北則是所有夢想的總合，即使是今天，對很大一部分的年輕人來說，台北依舊有著無法抗拒的魔力，簡直跟上海灘擁有一樣的地位。

很多人說〈向前行〉是因爲輕快的曲風擄獲人心，因此奠定它在台語歌壇的地位。但我倒認爲是它充滿活力的歌詞撼動年輕人，才能在台灣人心中留下一席之地。

夢想的列車啓動了，告別故鄉的人事物，少年ㄟ要踏上尋夢的旅程！很多人笑他幼稚、無知、做白日夢，我倒是羨慕他的勇氣。沿途的景色彷彿是成功的預告，火車的汽笛聲則鼓勵著他邁向成功。或許他的夢想不符合父母的期待，但是趁著年輕，任性一次吧！新落成的台北車站到了，懷抱希望的朋友趕快種下希望的種子，一棟一棟的高樓是他的開心農場，青春跟勇敢就是他的養分！

這首歌曾經讓我落淚，因爲當時家道中落，父親跑路、房子被法拍，我們一家過著躲債的日子。聽說台北好賺吃，我大哥爲了家計，爲了養活我和二哥，爲了供我們讀書，告別了女朋友（後來變成我的大嫂囉）隻身一人到台北工作。

還記得大約在冬季，那年的冬天特別冷，我們送他去坐客運，離情依依，那個時候覺得台北好遠好遠。我媽在他的行李裡面準備了一小瓶水和一小包泥土，還有一個從廟裡求來的平安符。據說只要到了台北之後，把從故鄉帶來的水和土與當地的土壤混在一起，就不會水土不服。

我流著眼淚陪大哥等車。那一年大哥十九歲我十三，他述說著對我的期待，要我好好讀書，不要學他只能做個水泥工、當土牛，「工」字不出頭啊！那是一班夜車，上車之前，他身上僅有六千塊，但還是拿出兩千塊給我，要我省著點用，沒事不要跟媽媽要錢。我目送著大哥上車，含淚送他離開。回家的路上，我低聲唱著〈向前行〉，這首歌我反覆地唱了一個星期……

你或許會說，怎麼只唱一個星期？兄弟的情誼ㄟ！至少也要唱他個半年三個月啊！

×！因為他一個星期就回來了啦！真的水土不服，感冒發燒還拉肚子，故鄉的月娘還是卡圓啦！不要以為人生跟連續劇一樣，出外打拚一定會衣錦還鄉，電視機螢幕右上角只要出現「三年後」幾個小字，男主角就會坐著黑頭車回來，有司機幫他開車門，然後開始祭拜祖先，光宗耀祖。

畢竟電視與人生常常有著不小的差距，有時候你坐的不是黑頭車，而是救護車。各位觀眾，這個故事告訴我們三件事：

一、民間信仰的偏方未經科學證實，可信度通常不高。

二、電影、連續劇看看就好，有夢最美，希望相隨。

三、縱使沒有賺回五億，但最少擁有年少輕狂的回憶。

事隔二十年，有一次跟我大哥小酌，聊起這段往事，他堅持當時不是他軟弱，也不是盤纏不夠。問題出在他坐的是客運，而不是火車，所以劇本才會寫不好，讓他不夠入戲，結局當然跟電影不一樣囉！哈，老實說，我大哥這個男子漢的堅持還眞是滿可愛的，啾咪！

說到向前行，不免也得提到林強。他在一九九〇年一炮而紅之後，也曾經迷失，甚至染毒。他說：「那時看什麼都不順眼，搞得自己跟別人都不愉快，常常待在家裡憂鬱不出門，也不和朋友聯絡，覺得自己有病，還去藥房買『百憂解』來吃，後來甚至改吃『快樂丸』及其他違禁藥品。」最後也是媽媽的眼淚救了他，讓他重新振作，脫胎換骨，專注於電影配樂創作，終於在二〇一三年以賈樟柯導演的《天注定》奪得金馬獎最佳原創電影音樂，更於二〇一五年以《聶隱娘》拿下坎城影展最佳電影配樂，成爲華人第一！這就是活生生的魯蛇翻身啊！

網路上的酸民們，看著這些例子，請不要再用強酸腐蝕自己的靈魂了！走出鍵盤，向前行吧！

欸你看這個超扯的！
哇！我來嗆爆它！
馬的這種人就是欠嗆啦！叫大家一起來……
同學……
要不要跟老師PK一場籃球啊？贏了我就請你們喝飲料！
籃球？
唉老師你怎麼可能贏嘛！
看看你這身材！走！
未送出
終止網路霸凌，有心就可以！啾咪！
01

1

特別企畫

跨世代魯蛇對談
呂捷×簡志忠

圓神出版社社長簡志忠是出版業的傳奇人物，最高學歷僅高中畢業的他突破了學歷的框架，一手打造出暢銷書不斷的圓神出版社。除了事業，他更熱心於公益事業。除了與好友共同推動並完成「紙風車兒童劇團三一九鄉鎮巡演」外，更與吳念眞等好友籌辦了中華民國快樂學習協會，爲弱勢兒童成立一個秘密基地，讓他們在這裡享受課後輔導與關懷。曾經大學聯考失利而放棄升學，卻能在事業與志業皆成就非凡的簡志忠，不啻是魯蛇翻身的典範。

二〇一五年八月七日父親節前夕，蘇迪勒颱風來襲的這一天，因出書而結緣的呂捷與簡志忠相約對談。這兩位跨世代成功魯蛇，將談談那些對他們影響深遠的人事物。話題就從兩人生命的轉折點——父親，而展開。

魯蛇父親的影響

呂捷：

我的父親很「台灣」，不太懂得怎麼和孩子相處，也不太會表達情感。很多傳統的台灣「多桑」在表現感情時，不是像美國好萊塢電影裡那種「Baby, I love you.」沒有這回事！他們甚至連鼓勵都用「幹譙」模式。還記得我考上大學那一年，本來一個瞎攪和兩年的孩子考上國立大學，做爸爸的應該要滿心歡喜才對，但是，那天我們的對話跟我想像中的不一樣……

我原本以爲他會用充滿欣慰的眼神跟我說：「你眞棒！」但事實卻不是如此，他只是淡淡地說：「啊是考上哪裡啦？」我說：「大概落在中興、中正那附近。」我爸：「%^$*&!@%……拎北以爲你考上台大哩，啊也沒有很厲害啊！」講完他就淡淡轉身離開，留下錯愕的我……

我要去讀大學的前一天晚上，他跟我聊了一個小時，以下節略重點內容：「你去讀書就好好讀，不要讀得高不成低不就，不然拎北就把你的腳打斷！」你可能會覺得奇怪，講了一個小時，怎麼就這麼一句咧？那是因爲我把髒話都扣掉了。

當我爸在講話的時候，你可以把壞話都扣掉，那就是他眞正想跟你說的話，不過，如果你眞的把髒話都扣掉的話，那……他可能等於沒說話。

我念大三的時候他就去世了。後來我在看吳念眞導演的「多桑」時，便覺得感同身受，很想問吳導：「你認識我爸爸嗎？這根本是在演我爸爸嘛！」

簡志忠：

吳導的父親跟你父親都是那個時代大多數「世大人」（長輩）的典型，我父親比較不屬於這類。我祖父也算是二二八的受害者，但不是有名的受害者，當時沒被槍殺也沒被關，一直到我父親十六年前去世，都沒有討論過這件事，我們家的人也沒被鼓勵去追溯這些事，一直到我大伯公的兒子（就是我伯父），今年九十幾歲了，要我回去掃墓並跟我說了有關祖父的事。

我是彰化田中人，以前是台中州，大伯公是校長，據說學生是日本人與台灣人合校。伯父第一句就跟我說：「你父親不是懶惰，他如果要做一個頭路，巡查就來！」接著就翻照片給我看，看他結婚的照片是穿燕尾服，他說這都是跟我祖父借的。伯父開始講起二二八時，家族發生的一些事。

我祖父是做貨運的，田中火車站的倉庫都會有個圓圈寫「榮」字，那個榮就是他的名字，可見事業做多大。當時祖父有貨運行還有旅社，我父親曾經拿以前的戶口謄本給我看，裡面有兩個入籍的長工、四個幫傭，還有三個乳母，所以你就知道我爸其實生來就是少爺，他說七歲就跟長工偷喝我祖父的酒，居然跟長工兩人醉在酒甕邊！我印象中的父親，就算之後生活潦倒了，依舊還是看得出他的習氣。

父親照相時都是戴著鑲有金邊的帽子，拿著蘋果。我忘了在哪個媒體看到蔡康永說太平輪的往事，追憶上海生活有多細膩、多富貴。就聯想到，我父親當時的生活應該也是這樣的。他曾經說過：「我以前要吃桃子，女傭會先用麻糬將桃子上的絨毛沾掉，再拿去洗。」可以想見我父親當時的生活！

呂捷：

我父親也有賺到錢，那時候正是台灣經濟起飛的時候。我家三代都做建築，我的故鄉在澎湖七美，七美鄉志算是我寫的。

簡志忠：

七美，喔我去過，我曾經和「紙風車兒童劇團」去七美演出過。

呂捷：

我有捐錢給紙風車耶！我很少捐錢給慈善單位，紅十字會、慈濟都是，爲什麼？因爲我怎麼知道他們會拿去哪裡？但是我是紙風車的忠實觀眾，有一次我看到社長你跟美國仔（李永豐）在講這個夢，那個理念是感動我的，因爲我教書，而且也是個窮苦孩子出身，所以我就把錢贊助了兩個地方，一個是我現在住的大寮，另一個就是我的故鄉七美！民國四十多年，我阿公帶我爸來到台灣，因爲七美越來越難賺錢。我家是做泥水出身，我做孩子的時候，對我父親的印象就是很壞、很匪類，我現在的樣子只學到我父親兩成，學到五成就可以作立法委員了，哈。

簡志忠：

好在你只學兩成！

呂捷：

照我媽的說法，我爸是最疼我的，但是我跟我爸很難有交集，因爲從小就看到他匪類的這一面，後來又去念大學，念到大三他就過世了。我父親過世辦喪事的時候，三伯每天都到家中坐，講故事給我們聽，說我爸少年的時候多匪類，還跟楊雙伍很好等等……我小時候不懂發生什麼事，只是常常會奇怪，怎麼兩三天都沒看到我爸！老實說以當年的標準來看，我爸算是緣投的！或許……我長得比較像我媽吧！哈哈！

但是我媽很有幽默感，我們家三個兄弟也都很有幽默感而且很團結！長大後每當有家族聚會，我們三兄弟一定會一起出席。很多人都會說：「你們兄弟感情眞好，很少看到長大了，感情還這麼好的！」我都會笑笑地虧說：「你們兄弟感情不就很差！」

坦白說，我爸爸不是個好父親，他很愛賭博，常常都在地下賭場廝混。早年大家對毒品還沒觀念，所以別人拿安非他命給他吸的時候，騙說這是醫生開刀在提神用的啊。這段我從沒公開說過，因爲老爸吸毒實在不是什麼光榮的事，但這導致我現在很痛恨毒品。

那是我爸快五十歲時候的事。後來他就開始跑路，然後，整個家都崩了，我還在奇怪我爸這次怎麼這麼久沒回來的時候，沒多久，法院就來貼封條了。之前看電影裡面貼封條好像沒什麼，但第一次看到自己家裡被貼封條，心裡眞的很震撼！畢竟小時候的環境不算壞，我爸做土水好賺啊，小時候我的房間裡就有電視、錄放影機，那時候一台錄放影機要兩萬多塊，但土水師傅一天工錢就有七百元，日子還算好過，沒想到後來竟然會弄到家裡被貼封條。

簡志忠：
那時候中山文藝獎獎金才三萬元，貼一點就可以買間房子啦！其實沒有賭跟毒，日子都不至於太差，染上賭跟毒品，就眞的萬劫不復了！

呂捷：
對，萬劫不復啦！

簡志忠：
我父親小時候琴棋書畫樣樣精通，他不需要認眞去學，因爲他的生活就充滿這些東西。有次他看人剪紙，看了之後也跟著剪，結果剪出八駿圖！看到電視上名家在教蒸魚，他說這不行，我媽說你怎麼知道不行？他說，用鋁蒸籠不行，一定要用竹蒸籠，不然會有腥味，所以只是煮給人看的而已，不能吃，我來煮給你們看。我媽說，可是我們家也只有鋁蒸籠啊，結果他在旁邊放了一堆蘿蔔，是去腥的，蒸好以後蘿蔔就扔了不吃！他也會做日本料理，做得很精緻。他這一世人沒有沾到賭，沒有沾到毒，就沾到酒。

我爸少年的時候，夜晚去打鳥，打鳥要戴打鳥帽、穿打鳥褲，爲什麼？如果不穿打鳥褲，那褲管會碰到草，鳥就會驚嚇飛走了。去的時候，還會有一個人拿電火來幫他照，方便他打鳥，所以他都有跟班的。去抓水蛙也有抓水蛙的褲子，騎變速的腳踏車……因爲他是這樣生活的，所以他沒有成本觀念，他去外面這裡吃、那裡喝，後面都有人跟著付帳。

呂捷：

跟徐悲鴻的故事很像。

簡志忠：

他就是這樣過日子，我祖父過世時他二十歲。我媽媽嫁給他眞是倒了一輩子的楣！我父親的家訓是：堅忍、刻苦、耐勞。我曾寫過一篇文章，說我簡家的家訓只有媽媽在遵守，她結婚的時候新房、新娘禮服都沒有，去向四伯公賒一塊枕頭布，父親寫字，他的字很漂亮，我媽媽就照著他的字繡上「堅忍、刻苦、耐勞」，然後一輩子奉行不渝。

呂捷：

你爸爸琴棋書畫樣樣精通，我爸是吃喝嫖賭樣樣都有。我第一次去地下酒家的時候只有六歲，我爸會帶我去是因爲帶我出門有掩護的效果，而且我媽也比較不會碎碎念！我當時就覺得奇怪，我爸跟我媽都沒這麼好，爲什麼這個阿姨跟我爸這麼好，那些酒家裡的阿姨都對我很好，所以我很愛去，而且我爸還會點蛋蜜汁給我喝，小孩愛喝就猛吸，我爸就巴下去說：「喝慢一點，一杯一百八耶！」那時候我爸一天的工資才七百塊耶。

魯蛇的成長與自我定位

簡志忠：

孩童時候我住在後街，住的大多是落魄的人，我媽叫我大尾，叫我弟弟小尾，她很公平，要小孩幫忙出公差都是一人一趟，但輪到我去米店賒米的時候，我就很不愛去，因爲會被三伯公的大媳婦嘲諷。我弟弟實在很好，他就會說：「哥，我去！」

小時候覺得我父親是個藝術家，家道中落之後他還能夠以寫字維生，過年時賣春聯，他都寫一寫就跑去喝酒了。我大伯說，他後來常喝酒喝得醉茫茫，這樣警察就不會來找麻煩，認爲這個人沒有什麼用了，所以他才一世人愛喝酒。

他寫完春聯會用磚頭壓住，然後人就不知道跑去哪裡，旁邊人賣的都是批

發來的春聯，有的字寫得很醜，有一回，我說：「爸，那個寫那麼醜，怎麼敢拿出來賣？」他從我的頭巴下去說：「管那麼多，人家只不過是討生活！」所以他還是很寬大，會覺得不要講別人不好，只不過是混口飯吃嘛。以前他還幫戲院畫看板，看久了，我也能畫了。所以我從小寫毛筆就會懸腕，老師說你會懸腕啊？我還奇怪什麼叫懸腕？手如果不這樣，怎麼幫人家寫招牌？

書法比賽寫「莊敬自強、處變不驚」八個字，每個人都先寫左邊四個字，寫完都一直吹，吹乾了再寫右邊四個字，我是一口氣整篇都寫完了，老師幾乎不敢相信！其實對我們家而言這是謀生，不是練來風雅的，是實用的東西！我有時慶幸，還好當初爸爸的浪盪給了我警惕。我爸爸不會去組織什麼黑社會，如果換作是我，一定更匪類了。

呂捷：

我的家族很有趣，不怕流氓，怕什麼？怕有錢人跟讀書人！也不知道爲什麼，後來我算是讀書人，我姑丈是有錢人，有一次姑丈開車載姑姑要去看我爸爸，我坐在後座，坐車的時候我的手會縮起來，不敢碰到我姑姑，覺得很髒，國語叫作自慚形穢，我姑姑並沒有看不起我們，還會給我們零用錢，但就覺得自己很髒，不敢碰我姑姑，所以我一直知道我的性格裡面有一種，心理學裡面講，叫作「過度自卑變自大」，所以在成長的過程裡，我很愛跟人家拚輸贏。

簡志忠：

印象中，小時候就是一直搬家。父親過世時，算了算，一共搬了二、三十次家，我弟弟就曾經到一間學校，進去才讀一天就搬走了！我在想可能是錢的問題。有個國小老師就說，以後我不是大好就是大壞，我當時功課很好，所以他就跟我媽說，你讓他住我這裡。我老師是山東人，我師母是四川人，所以我會講四川話。四川話沒有去聲，山東人則是可以講一個字就絕不講兩個字！我住在那裡，當然多少也是會被人糟蹋，我記得以前去同學家看〈東方少年〉，他媽媽是老師，爸爸是軍人，我去就坐在他們的玄關看，他爸爸要回來就趕緊跑，不敢被撞見。

高一住學校，大家都有便服，但我就只有那套制服，生活好的同學衣服穿的都很合身。記得當年我初一要做制服，我爸爸幫我做了一條多大的褲子啊！因爲要穿三年。那時候眞覺得很丟臉，人家都穿很合身的。不過現在覺得我爸爸還是很有先見之明，讓我很少年就穿得跟林書豪一樣，哈哈。

小時候在團體裡面就知道自己的定位是什麼！我初中的時候沒什麼朋友，我那時搭火車上學，火車南下跟北上是不同的隊伍，我是火南，可是一到車站我就會自己走開，爲什麼？因爲那時候大家都搭五點半的車，走到那裡才四點多，大部分的同學都會趕著去吃蜜豆冰，天冷的時候喝花生湯，可是我根本就沒錢去吃！所以我就會躲進書店看書。現在想想眞不好意思，時間到了要趕火車，所以看到哪裡就摺成狗耳朵做記號，有一天老闆跑來跟我說，你看沒關係，但是不要摺啦！原來他都有在注意我，那些《怪盜亞森羅蘋》都是這樣看完的。

呂捷：

我媽以前是當水泥小工，就是大家在工地裡面會看到，包得像賓拉登的那種。在我最匪類的那段日子，有一天，她坐在我的床邊，我在睡覺，昏黃的燈光打進我的房間，夕陽西下，斷腸人在天涯，我媽媽一滴眼淚滴下來，要我再回去讀書，重考大學。這才讓我從醉生夢死中醒過來，終於開始振作。

算命的也跟我媽說這個小孩大好大壞，台灣人都希望小孩能念書，她就問這小孩能念書嗎？那個算命的是盲人，他說這個小孩跟孔子無緣。（簡志忠：所以他眞的是瞎了眼。）他算我媽更好玩，那個摸骨摸一摸說，妳年輕的時候很艱苦。我媽聽了說，年輕艱苦沒關係，那老了呢？「老了你就習慣了！」靠腰！有人這樣講話的？連一點希望都不給人家！不過話說回來，我媽的命眞的很硬！

年輕人不要太計較

呂捷：

想請教兩件事情，第一是我聽說當時你的老闆倒了，結果你收了一堆書抵薪水，後來是怎麼處理的？

簡志忠：

我那時候在賣百科全書，是沒底薪的，做四萬才能領六千元，如果沒有做到四萬，主管就會不斷羞辱你，讓你自己走路。我當時的業績很好，第一個月做二十萬，第二個月做四十萬，第三個月做了一百萬。每個月底都會有全國業務英雄榜，以前都是十五六萬就第一名，我第一個月就破紀錄了，中南部分公司的主管常帶著優秀的業務來看我。後來公司倒了，欠我錢，公司同事就很好意地幫我搬百科全書回來。可是百科全書一套二十一冊，結果他拿第一到第五冊，搬了一整間。後來我就去找別人，拼成了一整套，再順便替他們賣完，之後有些同事說要留下來，所是我就組了一個五聯公司，就這樣逐步走上出版的路。

我做過很多工作都是沒底薪的，報關行是朋友爸爸出錢開的，朋友的哥哥並不喜歡我去，但是朋友找我去，他哥哥也沒辦法。所以人家騎摩托車，我騎腳踏車，好處是是供吃供住，晚上睡在公司，我的床就是公司的辦公桌。後來到貿易公司後，我的薪水從一千八百元開始，過了幾年升到五千元。我覺得我還蠻會做事的，我離開以後，他們找了三、四個人去做我以前做的工作，都還填不滿！後來年底老闆給了我兩千五的年終獎金，說不好意思，今年公司買大樓，沒有現金。我也沒說什麼，爲了面子，還跟人借了兩千五湊五千給我媽媽，說老闆給我一個月薪水當年終。

所以說，年輕人不要太計較。我當然也需要錢，但我不太會去想這些。我每到一家公司，只要看到這個公司有需要改善的地方，那我就會盡量做，不管跟我相不相關。因爲我住在公司，晚上還可以做一些事，例如說幫公司設計logo。我事先都沒說，先做出來以後再問他們：「你看這樣好不好？」當時打蠟都是用手打，百葉窗也是每片每片擦，弄得很乾淨，沒有人教我，也沒有人要我做到這個樣子，但我總覺得要把事情做好。我也不是要去巴結誰，反正我年輕，體力充沛，所以我能做的都會盡量去做。

後來去迪化街當小弟，晚上還是睡在公司，我記得當時的床是兩張藤椅，我每天早上起來都會看我手臂上的印花痕跡，去對一下到底是藤椅的哪一塊，很有趣，自己找樂子！

因爲過去工作時，人家曾經對我不公平，以後我自己當家，就要自己千萬不要做這樣的事。我自己做過員工，不喜歡加班，也不喜歡搞得很晚，所以就對自己說，以後絕對不要這樣。公司剛開始的時候，有人建議要設長途電話管制，我說不用啦。那越洋電話管制？我說都不用。爲什麼？我說沒有一個人進公司經過初試、複試，只是要來把公司搞倒的。就像我每次跟學校的老師說，要相信孩子有起碼的榮譽心、責任感，沒有一個人生來就是要把自己的人生搞

毒對吧？」「是啊！」「你爲什麼想要吸毒？」「好奇啊！」「你爲什麼好奇？」「沒試過啊！」「沒試過就要試試看就對了？」「對啊！」「那你有沒吃過屎？你怎麼不去吃屎？」我對這事眞是深惡痛絕，因爲我的爸爸就身受其害，連帶害了我們一家。

簡志忠：

這些弱勢家庭有的單親，有的隔代教養，有的母親是新住民，小朋友下課後，家裡沒有人，功課不會，沒人協助。他會去哪裡？去廟口，或是村子裡大人聚集的地方。有人剛開始叫孩子去幫忙買包菸，剩下的零錢就給他，小孩也覺得自己有用，勤勞一點就有錢，所以就每天去。後來就有被叫去賣沒有版權的光碟，色情光碟等等。更壞的就叫小孩送貨K他命，最後可能爲了要控制這個小孩，甚至還餵他吃毒，這麻煩就大了。

我們設立「秘密基地」，是讓孩子可以有個安定的地方，爲他們準備一頓晚餐，有老師輔導，陪伴他們把每天的功課做完。不會的或落後的，慢慢輔導他們跟上進度。讓他們漂泊的童年可以有一個安頓的地方，讓他們下課後有地方可去。他們終於有一群可以互動的朋友，這對他們是非常重要的。

有一次，贊助秘密基地的朋友太太，看到小孩剛進來時的作業簿跟現在的比較，眼淚都流下來了，她說：「你看他當初進來的時候，寫的字好像是一堆散開的零件，現在都組合起來了。考卷回來有九十八，還有一百分耶！」非常感動，這些熱心的朋友願意出錢出力，照顧這些弱勢的孩子，給這些孩子一個公平發展的機會，對他們最好的回報就是孩子們在品格學業上的進步。

人生難遭難遇，化成血肉之軀數十寒暑，跟父母一場，朋友同事一場，珍惜這個緣分，你可不可以讓自己「變成最好的自己」，只要有這一點期待，不要失去熱誠，這一個清楚的目標，那就足以引導人生向前。

嗯！
原來大家都是這樣一路苦過來的啊！
前面就講過，老師在講你都沒在聽啦！
堅持下去真的好難，是我早就受不了了……
生命不只是你自己的，在人生路上，你會遇到很多改變你的人。
找到你有興趣的事，堅持作下去！
不要急於一時的成就，久了一定會有收穫！
好！那我要繼續努力刷首抽！我一定要拚到超稀有角色！
你到底有沒有想讀書啦！

2

特別企畫

呂捷老師的人生相談室

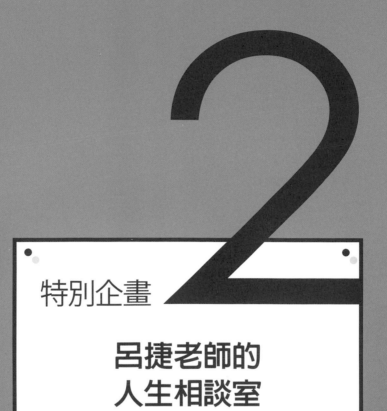

感情篇

談感情愛情觀

我向來不主張男女平等，我是重女輕男，所以女生如果寫信給我，我會跟她聊兩句，看她有什麼問題。男生通常會問我：「我喜歡上一個女生怎麼辦？」我通常只會說：「表白啊！」過幾天他又問：「老師我被打槍了。」我也只會說：「換一個啊！」爲什麼特別會回答女生問題？因爲女生比較脆弱嘛。

失戀不可恥，可笑的是表演失戀，我讀大學時看到太多案例。在一起三天就分手了，連一點感情基礎都沒有，然後就開始表演失戀，在教室時眼神望著遠方，走出去時就要抽菸，沒事就把自己灌醉……頭殼歹去啊！

感情不是你人生的全部，有次我在課堂上跟學生聊到感情觀的時候，跟學

生說：「不要用死去威脅別人，沒有用的。」我隨便點了一個女學生問：「如果妳結婚了，妳老公突然意外過世，你會殉葬嗎？」那女生很堅定地回答我：「不會！」男同學們，聽到沒有？你的自殘行爲對女生來說眞的影響並不大，三天、五天、一個月、兩個月過後，很快就忘了。

感情是我們每個人都一定會遇到的問題，佛教告訴我們人有八苦，其中最常遇到的兩個，就是「愛別離」跟「求不得」，所謂的「求不得」是欲望沒辦法滿足，很多魯蛇的痛苦來自於比較，比手機、比收入、比職位……另一個叫「愛別離」，就是你愛的人離開你，喜歡的人要跟你分手，我的理論是：「熱戀期就像在吃龍蝦，分手後他就是排泄物，你就得把它沖掉，帶著它你永遠找不到下一隻龍蝦！」痛苦是比較出來的，不要執著於同一件事情。你的分手對象很快就會找到下一隻龍蝦，所以千萬不要拿自己的生命開玩笑。最痛苦的是誰？是把你養大的爸媽和陪伴你的朋友家人啊！活著比什麼都重要！

分手後怎麼面對？

有很多網友寫信問我感情的問題，大致上都是被甩、快要被甩或者是不敢表白。我聽了這麼多案例後發現，其實眞正的原因並不是不捨或不好意思，而是因爲「面子」。對！就是面子！就是這麼虛無飄渺的兩個字！

請你捫心自問，眞的還愛他（她）嗎？眞的還懷念且珍惜過去的美好嗎？眞的那麼喜歡他（她）嗎？眞的沒有他（她）就活不下去嗎？眞的嗎？還是只是被甩或被打槍了，面子掛不住？

面子重不重要？當然重要！但是有重要到你要爲了它而鬱鬱寡歡，只爲了面子而活？甚至是自我了斷嗎？我想，沒有必要吧。你（妳）說，老師，可是我還是過不去，那該怎麼辦？我常說懲罰傷害你（妳）的人最好的方法就是——過得比他好！

讓自己過得更好，什麼都要更好！不管外貌、健康、能力、智慧、財富、感情，全部都要更好！好到可以沒有他（她）也沒關係！好到日後不小心狹路相逢時，讓他（她）爲之驚豔。當他（她）自以爲有風度或不知羞恥地過來打招呼時，記住！要很有風度、優雅地回他（她）：「不好意思，你（妳）哪位？」我認爲，這是比較文明而且更有「面子」的報復！

憤怒是魔鬼，千萬不要因爲憤怒而鑄下大錯！

第一次見到女友卸妝，驚覺「中招」怎麼辦？

恭喜你！你現在擁有女友G plus 1.0版和女鬼G plus 2.2 威力加強版，你不請吃宵夜誰請吃宵夜？開玩笑啦！

感情和買電視不一樣，不是只看外表和規格。還記得當年讀大學的時候，大一最多人追的是誰？（偷錢包的那個後面有三十幾個在追……不是啦！）一定是最亮麗的那一個！但是大三呢？通常是個性最好的那一個，你跟她永遠有話聊，對吧？青春短暫、年華易老，你應該愛的是她的人，而不是她的長相啊！

喜歡一個人是什麼感覺？

很多人問我，喜歡一個人是什麼感覺？我怎麼知道我喜不喜歡一個人？

其實什麼叫做喜歡？就是你一看到他，就會覺得很開心，不是因爲他可以爲你做些什麼、或是他可以給你些什麼。其實喜歡跟愛都很簡單，只是人長大了之後變得複雜，而忘了那份純眞。不是有段話這麼說嗎：「小時候幸福很簡單，長大了之後……簡單很幸福！」如果把喜歡加上一些附加價值，甚至附加價值超越了喜歡對你的吸引力，那麼這種喜歡本質上已經變了，變成一場交易！

其實喜歡與愛不一定要擁有，有一種眞愛，叫做放手！當然……還有另一種愛叫做……放屁！因爲那不是眞正的愛。

你也許會問，爲什麼我喜歡他，但他卻不愛我？因爲……因爲……因爲……他看到你並沒有感到開心啊！

家庭篇

爸媽一直要加我的FB，有事嗎？不想曝光自己的爽爽生活，怎麼辦？

之前我媽媽讀國中補校，也在學電腦，有天聽到她在玩CS，才知道她跟我阿姨正在對幹！後來她居然也加我FB！

給你上中下三策：

上策：弄個假帳號，然後主動加他，沒事就po一些勵志的文章啊、上圖書館啦、去健身房啦，讓老人家安心，也是一種孝順的表現嘛！

中策：取個英文名字吧！反正現代人都很流行弄個英文名字，所以我建議你就直接把帳號改成英文名字吧！

下策：直接封鎖，讓他找不到人，一了百了！

唉，其實啊，他們也只是想跟你有多一點交流而已啦！你想想，你每天跟

朋友、同學、換帖ㄟ、閨密有聊不完的話題、講不完的事情，但跟他們呢？朋友們！愛要及時，你還有多少時間可以關心父母，加他好友又怎麼樣呢？

爸媽管好多，碎碎唸超囉嗦，怎麼辦？

其實我並不全然把父母的碎碎唸當成愛，這有時候是一種控制欲與主權的表現。

以前我也覺得我媽超會唸的，她可以連續唸個兩小時，當中沒有一句重複的，而且還會押韻，偶爾再夾雜幾句俚語，簡直是到了rap饒舌歌手的境界。二十五歲之前，我還會跟他頂嘴，當然，我不是情緒性吵架，大家都知道我比較有幽默感，所以我通常會扯一些別的事，來「稀釋」我媽的怒氣與情緒。

直到有一天，我從台北上完課回到高雄，那時候有點晚，大概快十二點了。我看到我媽的房門半掩，燈還亮著、電視也還開著……但是，她睡著了。我就這麼看著她……看著她……看著她……在那短短的幾分鐘內，我發現……她老了！

怎麼一眨眼她已經六十歲了，我每天在外到處奔波，能陪她的時間還有多久？她還能唸我多久？有一首台語歌〈家後〉，裡面有句歌詞是這麼寫的：「幸福是吵吵鬧鬧」，或許有天你跟我一樣是個異鄉遊子時，你就會懂得這句話了。

如果你還是個十幾歲，正處叛逆的青少年朋友，那我建議你換個角度正面思考，此中有二樂也。其一，你該慶幸父母猶在，此一樂也。其二，她還可以大聲唸你，表示中氣十足、身體健康，你不用提早擔任看護工的業務，此二樂也！

而如果你是碎碎唸型的父母，看到這裡你也應該清楚，這樣是無效的溝通啊！何不換個方式陪著孩子成長？孩子的人生還有很長的路要自己走，你可以看著他、扶著他，但是不能一直背著他。他總會長大，總有一天你會背不動的。而且他有他自己的人生，他是你的寶貝，但不是你的吉祥物，更不是你的寵物，你能了解嗎？

職場篇

辦公室最近瘋微整，我也想微調又怕露餡怎麼辦？

怕露餡，也就是怕被別人知道囉？也就是說，你想讓大家都看不出來囉？那……那你幹嘛整型？

「美女看三天就膩了，醜女看三天就……習慣了！」很多女生追求紙片人的身材，但紙片人眞的好看嗎？我也是紙片人啊，只是，我是厚紙板而已。

人要學會和自己妥協，不要給自己找麻煩。美醜不只是外表、容貌，有時候是整體的概念，乾乾淨淨、整整齊齊，讓自己有型、有自信，你的美自然就會散發出來。很多人其實條件不差，只是疏於打扮，時間久了就喪失自信。想改變的時候，又以爲整型最快。但是，世界越快心則慢，速成很少有好東西的！

現在哪個職業最熱門？

以現在的大環境而言，創業眞的很難，就業又看不到未來，所以年輕人常常不知道該怎麼辦，只能活在虛擬世界或窮忙。有一句話是這麼說的：「跟著趨勢賺大錢。」我認爲最好賺的就是文創，其實說到底就是包裝啦，這東西是絕不退流行的。

一個馬克杯二十元，但是印上一隻Hello Kitty就變成兩百元，而且這隻粉紅貓還不用講話喔，不用介紹這個產品有多好，也不會因爲語言的隔閡而有地域性差別，完全可以行銷全世界。

你說，我不會畫畫啊？那就找個會畫畫的合作，你出點子跟行銷，他來畫。不行嗎？那就賣便當吧！賣便當也能搞文創嗎？很簡單，你把原本擠在便當裡的菜分開，放在一個又大又漂亮又精緻的餐盤裡，然後把排骨飯改名爲普羅旺斯佐羅勒醬豬排飯，把滷雞腿改成南法蕈茸醬油燉春雞腿，這樣就可以把六十元的便當賣到兩百六囉！

其實與其問哪個職業最熱門，倒不如問問自己，哪種技能最拿手？從這個方向著手，加入文化、創意、包裝、網路行銷四大元素，或許能讓自己的一技之長變得熱門！

工作時遇到不喜歡的主管和同事怎麼辦？被排擠怎麼辦？

在職場上打拚最常遇到的兩個問題，一是自身能力，二是人際關係。

我有個朋友在當醫生，據說他除了常要閱讀國內外的醫學期刊以外，還要固定去上課，這就是充實自身能力最好的例子。

那人際關係要怎麼處理呢？人是群居的動物，很難離群索居，所以人與人之間的磨擦與衝突是無法避免的。

主管、同事不喜歡你總有個原因，找出問題是第一步：是不是專業能力不足，做事無法達標？還是溝通技巧不好，在應對進退中得罪長官，也就是「白目」。先反求諸己吧！認識自己是成功的第一步。不是每個人都要配合你、了解你喔。

一間體質好的公司、一位好的老闆或主管，都會珍惜能做事、能幫自己或公司賺錢的人。如果你的能力是夠的，對公司是個正數，並且無可取代，那應該會被捧上天，升職加薪領獎金才對，怎麼可能被排擠。所以請捫心自問，你是否符合上述的條件？如果你都有，但老闆、長官、主管都要打壓你、排擠你，那就證明你的人際關係很有問題，如果你有諸葛亮的經天緯地之才、有楚留香的玉樹臨風，但卻敗在人際關係，不是很可惜嗎？

所以調整一下你對人的態度，凡事以尊重為出發點，同流才能去污啊！最後，如果能力真的夠，而且什麼方法都試過了，還是無法立足於這家公司的話，那這間公司離倒閉也不遠了，亂邦不居、危牆不立，你不跑還在等什麼？等圓寂嗎？正所謂「真正的英雄不怕寂寞，真正的人才不怕埋沒。」鑽石掉到糞坑還是鑽石，而且還很多人搶哩！

學校篇

不喜歡上課怎麼辦？如何兼顧社團玩樂與功課？

學生上課跟出社會上班是一樣的，都是一件該做的事。先做該做的事，再做想做的事，這本來就是天理。你說不喜歡上課怎麼辦？

我們向來對擁有的人、事、物不懂得珍惜，所以容易抱怨。你只要換個角度想，一切就會不同！不要覺得你是被逼著去上課的，你應該要想，你是在經營自己的人生。你學到的這些知識，未來的人生都會跟著你走，它們將成爲你人生旅途中打怪闖關的技能和武器。而且父母給你零用錢，供應你的花費，還出錢讓你去進修補習，這麼好的事，你是不是該請吃消夜咧？

有一天當你離開了校園，一定會開始懷念這段上學的日子。記得大二時，我們幫大四學長姊們辦送舊晚會，並要求他們盛裝出席。當學長姊集合好之後，我並沒有立刻帶他們到會場，而是先讓他們到大一上中國通史和西洋通史的教室休息。當大家就定位後，兩位當初幫他們上課的老師出現了。

教西洋通史的方志強老師以迅雷不及掩耳的速度拿出了名條開始點名！並且細數他們大一時的點點滴滴。許多人忍不住落淚，還有人哭到連隱形眼鏡都掉出來了，面紙瞬間變得搶手。這是他們大學生涯裡的最後一堂課了，不管當年他們覺得上課有多無聊、多想睡，在這一刻都只剩珍惜。你也一樣，珍惜現在有課可以上，有書可以念的時光，因爲有一天，你會懷念這一切的。

當你未來工作發現專業能力不足時，你一定會後悔當年上課爲什麼要睡覺，甚至咒罵蹺課的自己。

至於如何兼顧課業、事業、愛情與娛樂呢？活在當下吧！上課時專心、工作時專注、玩樂時放鬆。不要上課時想睡，工昨時想玩，玩樂時又想起一堆正事沒做，這樣你永遠只是半調子，還談什麼快樂呀？

讀的科系跟興趣不一樣怎麼辦？

歷史從來不是我的興趣。我從來沒有想過要讀歷史系，也從來沒有想過要當老師，但我還挺滿意現在的我。興趣是培養出來的，用投入與熱情培養，跟打電動一樣。如果你只是站在旁觀者的角度來看，每天坐在電腦前打怪、拚升級、拚裝備，到底在幹什麼？無聊。

但一旦你接觸、投入了，自然會有不一樣的感受。而這些感受常常沒辦法用語言表達，正所謂「此中有眞意，欲辯已忘言。」讀書也一樣、工作也一樣，都要投入。當初我誤塡志願，莫名其妙讀了歷史系，簡直是痛不欲生、後悔莫及，每天以淚洗面。可是，當我因爲考試和交報告的壓力開始浸淫在書海時，投入讓我找到了樂趣與成就感。付出才能傑出，有時候你自以爲的興趣，在你眞正深入了解之後，可能就沒興趣囉！

為什麼要讀書？

這幾年出現一種奇怪的論調叫讀書無用論。網路上會看到這樣一組照片，第一張是比爾蓋茲（休學），第二張羅傑斯（休學），第三張，穿著便利超商的制服當店員（大學畢業）。

其實我滿討厭這種論調的。很多年前我在上前三志願班的時候，有個學生來找我：「老師我最近在看比爾蓋茲傳耶，我想學比爾蓋茲。」我問他：「你知道他創建哪家公司嗎？」「我知道，微軟。」「比爾蓋茲念哪一所學校？」「我知道是哈佛，但是他休學了，所以我覺得有能力的人不一定要大學畢業！」「那你知道比爾蓋茲的第一張訂單是誰給他的嗎？」「ㄜ……」「是IBM。你知道IBM爲什麼給他訂單嗎？」「ㄜ……」「因爲比爾蓋茲他媽媽是IBM董事。」

過了兩個星期，他又來跟我說：「老師我在看巴菲特傳。」「你知道巴菲特第一次進證交所幾歲嗎？」「我知道，十二歲。」「那你知道他第一次進證交所的時候是誰接待他？」「ㄜ……」「是證交所的董事長。」「那你知道證交所的董事長爲什麼要接待他嗎？」「ㄜ……」「因爲他爸爸是美國參議員。你還想學他們休學嗎？」

有學生會問我爲什麼要讀書？我會說，人世間沒有什麼是你的全部，只有你自己是自己的全部。所以讀書的確不是人生唯一的一條路。但是你能不能告訴我，如果不讀書，你想幹什麼？

如果你也不知道要幹什麼，那要不要先把書給讀好啊？

不管你喜不喜歡、願不願意、相不相信，我都認爲讀書是件好事，不管是體制內的（升學），還是體制外的（閒書），都是如此。

你覺得讀書沒有用，是因爲你把書給讀死了。當你在讀書的時候，不是讀這本書在跟你講什麼，而是要讀它的作者在想什麼！

你一定看過哆啦A夢（沒有的話應該是外星人）。哆啦A夢在寫什麼？白癡廢物加低能的小朋友，養了一隻奇怪的貓，打造頭跟身體一比一的完美身材，你小時候看哆啦A夢一定覺得可愛有趣。

可是當你長大後讀大學、研究所修到馬克思資本論，或是出社會經歷了磨練，你會發現，哆啦A夢的作者藤子不二雄先生是個社會主義者，哆啦A夢從頭到尾在講述一個社會主義的實踐。誰象徵受壓迫的中下階層？大雄。誰象徵對中下階層同情者？靜香。誰象徵地痞暴力階級？胖虎。誰象徵富豪階級？小夫。誰象徵知識分子階級？小杉。誰出來解決所有的事情？哆啦A夢。

哆啦A夢的角色分配很明顯，在講進化爲社會主義的過程中所遇到的事件。但是我覺得最好的一點，就是大部分搞砸事情的都是自認受壓迫的階層，也就是大雄。

當然或許藤子不二雄先生並不是這麼想的，但這就是我讀書的心得。所以我不會覺得讀資本論要幹嘛？因爲它讓我讀書讀活了。

記得我讀研究所的時候，系上開的書單都看不懂，怎麼辦？我求助了楊維眞老師，老師告訴我：「量變帶動質變，當你讀的量夠多的時候，你對書的見解跟看法就會改變，你看不懂，其實是因爲你看的不夠多。」我後來才發現，原來這就是朱熹所強調的治學方法「格物致知」。

所以我常叫學生看書，學生說看不懂、看不下去，那就表示量是不夠的。不要怕挑戰大部頭的書，把它整本看完會很有成就感，這對現在的孩子來說有點難，但我覺得有些事是要不要做而已。所有事情都要紮紮實實地來，速成沒有好東西！

當你看到職棒游擊手在球打過來時飛撲過去接球，滾兩圈站起來後快傳一壘，你以爲他是特別去練這個動作嗎？不是，那是無數基本功的累積。正所謂，練拳不練功，到老一場空！你有時間打電動、上網跟不認識的人聊天，怎麼不花一點時間看看書，投資一下自己呢？

讀書其實是一件容易的事，至少大部分的成敗掌握在自己手上。出了社會之後你會發現，你已經很努力了，但是天時地利人和都沒有站在你這邊。反觀讀書，付出多少努力就有多少回報，CP值眞的很高啊。

生活篇

FB上很多朋友，但下了FB卻沒朋友怎麼辦？

爲什麼朋友下了FB就不理你了？你確定他是你的朋友嗎？很可能不過就是一串ID罷了！現在的人交友很奇怪，失戀也要和不熟的人報告。那去便利商店喝咖啡時有人經過，你會跟他說你現在很難過嗎？現代很多人交朋友都是透過一條虛擬的網路線認識，但那眞的不可靠，就像我之前認識一個女生，她的FB上都是法拉利、保時捷照片，我問她這些都是你的嗎？她說是！我就想，那我放一張美國白宮照片說我是歐巴馬，你信嗎？老話一句，別讓虛擬的網路占領你的現實世界，抬起頭來到現實社會交朋友吧！

如何可以跟你一樣在台上侃侃而談，成為人生勝利組？

其實我不是人生勝利組，我一直是隻魯蛇。如同我在書裡提到的，三十四歲以前，我可以說是一事無成、到處流浪，不知何處是家鄉。我做過很多事業，賣過茶葉、搞過骨董、開過補習班、投資過餐廳……族繁不及備載，但是通通失敗，這也算是一種堅持啦！

原因無他，就是不專業，「吃沒三把青菜就想成如來」。繞了一大圈，碰了滿身傷，就是因爲沒有認清自己。在渾身是傷後，我重新檢視自己，退回本業，找出自己的專長。我發現，還是教書比較適合我。

既然如此，我要想出頭天，就得更專業！於是我開始投入鑽研於本業，歷史、人文和文學，文史不分家呀！以前我以爲我只是記憶力特別好，特別能背一些詩詞歌賦而已。現在卻好像突然開竅了，不但會背還看得懂，看得懂以外，還能感受到作者的感情與思緒及古文之美，這就是一種專業。

有了專業就會有自信，有自信才會有自在，能自在才會大方！而當專業、自信、自在、大方都有了，何愁不能侃侃而談呢？不只能表達，要表演都行！不過如果沒有專業做後盾，那就不是侃侃而談，而是夸夸其詞了！縱使你的專業是在科學不是文學，也要多看書，學學怎麼把一句話寫好、講好。語言是人與人之間了解的媒介，表達力就是競爭力，沒辦法舌燦蓮花至少也要避免詞窮和不適當的表述。專業、自信所產生的表達力，就是侃侃而談的方法！

夢想能當飯吃嗎？家人反對怎麼辦？

夢想不能當飯吃，但是執行夢想的過程可以！

華人世界往往對於不能馬上變成錢的東西沒興趣，但是很多夢想的確在初期是看不到什麼錢的。因此很多人無法堅持下去，在成功的前一刻放棄了，最後浪費了自己的才華和青春。這樣的悲劇英雄在歷史上和我們周遭都很常見，因爲現實生活是一定得面對的，吃飯是活下去的第一課題！

我記得在讀研究所的時候，有個滿腔熱血、醉心於學術的同學。他對學術的世界充滿了熱忱與理想，一心想成爲史學界的翹楚。從他口中講述的理想與計畫，是個臻於完美的學術世界，讓聽者聞之不禁動容，甚至群起效尤。他說：「縱使要睡在隧道涵洞，也要堅持學術這條路。」何其悲壯啊！

我聽完之後緩緩起身，輕拍他的肩膀，對他說：「好傻、好天眞。」並且立刻上網查詢街友協會的電話給他。

他的計畫完全忽略了經濟自主這回事，有研究計畫，但無經濟打算，所以最後他一定會……睡涵洞。而且據我觀察，他大部分的時間都拿來和同學朋友聊夢想，而不是在執行夢想。吃飯聊天的時間遠多於努力實踐的行動。當別人對他的目標有質疑時，他會花更多時間來解釋與說服，以爭取認同。其實他不是在尋求認同，而是在騙自己，到最後，理想夢想只是一塊不願面對現實的遮羞布！

在實現夢想的過程中，除了堅持以外，一定要有計畫，而且是可行的計畫。包括在這個過程中，如何養活自己的計畫。否則滿腔熱血往往淪爲空談，最後爲世人所恥笑。

才華就像懷孕，日子久了人家一定看得出來！但是在過程中，一定要有足夠的養分（收入），不然很容易就胎死腹中。而當你有足夠的收入來支撐夢想，可以養活自己，甚至是養家活口、供養雙親時，家人又怎麼會反對呢？

走到人生交叉口時
找
升學
公職
出國
OHO
前途茫茫，
總害怕走錯路
要聽別人的建議嗎？
哪個答案才是正解？
跨過一次次考驗
全力以赴地
向前邁進吧！
夢想大道自然就
在你的腳下！

國家圖書館出版品預行編目資料

哥教的不是歷史，是人性：呂捷親授，如何做一隻成功的魯蛇／呂捷 作.
-- 初版. -- 臺北市：圓神，2015.11
208面；14.8×20.8公分. --（圓神文叢；185）
ISBN 978-986-133-558-2（平裝）
1.成功法 2.生活指導 3.通俗作品

177.2 104019732

Eurasian Publishing Group
圓神出版事業機構
用心與你對話・視野無限寬廣
圓神出版社
Eurasian Press

http://www.booklife.com.tw reader@mail.eurasian.com.tw

圓神文叢 185

哥教的不是歷史，是人性：呂捷親授，如何做一隻成功的魯蛇

作　　者／呂捷
發 行 人／簡志忠
出 版 者／圓神出版社有限公司
地　　址／台北市南京東路四段50號6樓之1
電　　話／（02）2579-6600・2579-8800・2570-3939
傳　　真／（02）2579-0338・2577-3220・2570-3636
總 編 輯／陳秋月
主　　編／吳靜怡
專案企畫／沈蕙婷
責任編輯／吳靜怡
校　　對／胡致華・吳靜怡・韋孟岑
美術編輯／林雅錚
行銷企畫／吳幸芳・陳姵蒨
印務統籌／劉鳳剛・高榮祥
監　　印／高榮祥
排　　版／陳采淇
總 經 銷／叩應股份有限公司
郵撥帳號／18707239
法律顧問／圓神出版事業機構法律顧問　蕭雄淋律師
印　　刷／祥峰印刷廠

2015年11月　初版
2024年1月　57刷

定價 290 元　ISBN 978-986-133-558-2